黄土丘陵沟壑区带形小城市生长的适宜性形态研究

王 恬 黄明华 王奕松 著

中国建筑工业出版社

图书在版编目（CIP）数据

黄土丘陵沟壑区带形小城市生长的适宜性形态研究 /
王恬，黄明华，王奕松著. —北京：中国建筑工业出版
社，2021.7
　　ISBN 978-7-112-26351-6

Ⅰ.①黄…　Ⅱ.①王…②黄…③王…　Ⅲ.①黄土高
原–小城市–城市建设–研究　Ⅳ.①F299.21

中国版本图书馆 CIP 数据核字（2021）第 146745 号

　　本书针对当前黄土丘陵沟壑区小城市受环境条件制约而被动形成的带状形态在生态安全、功能联系、交通组织、景观环境等方面呈现出的诸多问题，结合国内外"适宜性"城市形态相关理论与方法研究，基于国土空间规划背景下生态文明、高质量发展等理念与目标，研究提出该地域小城市适宜性形态内涵，并以子长县城为例，在区域层面通过建构生态安全格局提出基于生态安全底线约束的城市形态生长思路，在中心城区层面通过指标测度与形态生长分析基于绩效提升的城市形态生长思路，继而构建城市形态综合生长阻力模型，最终通过归纳分析，演绎出适宜该地域小城市动态可持续生长的指状（环状）组团城市形态模式与优化路径。本书内容共 7 章，包括：绪论、国内外相关研究综述、黄土丘陵沟壑区小城市发展基本概况——以子长城区为例、子长城区城市形态的地理环境与生态本底分析、子长城区空间形态的测度与绩效分析、子长城区空间形态的比选与优化途径、结语。

　　本书的读者群体主要是城乡规划及相关专业涉及的各级管理单位、规划设计院、高等院校等的管理人员、技术人员、科研人员以及相关专业人士、学者和学生。

责任编辑：王华月
责任校对：赵　菲

黄土丘陵沟壑区带形小城市生长的适宜性形态研究
王　恬　黄明华　王奕松　著

*

中国建筑工业出版社出版、发行（北京海淀三里河路 9 号）
各地新华书店、建筑书店经销
北京建筑工业印刷厂制版
北京建筑工业印刷厂印刷

*

开本：787 毫米×1092 毫米　1/16　印张：8½　字数：397 千字
2021 年 7 月第一版　　2021 年 7 月第一次印刷
定价：**58.00** 元
ISBN 978-7-112-26351-6
（37820）

前 言

城市形态（City Form）指的是人类各种活动和自然环境因素相互作用下构成城市发展变化的、表象的空间形式特征，与作为城市活动存在本质特征的城市功能和作为城市活动内在联系的城市结构共同维持了城市系统的稳定、健康形成与发展。在黄土丘陵沟壑地区，城市空间扩展受到特殊自然环境限制存在很大的被动性，一般沿川道伸展成为狭长的带形城市形态。这种单一的带状空间形态给城市建设与发展带来了生态安全受迫、功能结构失衡、交通通行不便、设施服务低效、景观环境单调等诸多问题，难以实现"最小化资源消耗，最大化经济与环境效益"。近年来随着西部大开发战略、国家新型城镇化建设、生态文明建设以及陕甘宁革命老区振兴规划的提出，该地区城市将面临前所未有的发展机遇。然而这些契机在带动城市发展的同时，也意味着有限的地域范围将承担更大的人口与用地规模压力，其空间拓展势必迎来更为严峻的考验，原本带状形态带来的问题将变得更为突出。国土空间规划体系构建的新背景下，一系列政策及规划的出台为城市空间发展锚定了生态文明建设、底线约束、高质量发展等新目标。因此，为了协调城市建设与生态环境的关系、引导城市可持续发展，有必要采用适当方法探索与黄土丘陵沟壑地貌相协调的、符合城市自身生长规律的空间形态，以解决当前带状形态带来的问题，构建资源节约与环境友好型的生态人居环境。

本书聚焦于黄土丘陵沟壑区带形小城市。地处陕北中部的延安市子长市（原子长县），其城区人口约 11.5 万人，城市空间位于秀延河及南河交汇处产生的带状沟壑区内，被动地在山谷间河道两侧狭长地域内带状展开，是典型的黄土丘陵沟壑区带形小城市。此外，随着能源产业发展及城镇化进程推进，加之近年"撤县设市"后城市发展动力的提升，城市空间发展需求与地域环境本底的矛盾将进一步激化，亟需寻求适宜城市有机生长的空间形态。因此本书以在地域特征、城市形态、发展趋势上具有典型性的陕西省子长市为案例展开研究，首先，梳理国内外关于城市形态的相关理论和实践经验，并总结子长市的社会经济状况，分析其空间形态面临的问题以及未来的发展条件，继而明确黄土丘陵沟壑区带形小城市适宜性形态的内涵与构建思路。在此基础上，从城市空间形态的生态条件出发，分析城区的自然环境与生态基底，在城区及周边区域进行生态敏感性评价，划定适建性地区，并提出基于生态安全的空间形态发展思路。然后，结合城市形态测度的方法框架与指标体系，对子长城区的历史形态演变展开研究，结合指标数值分析形态紧凑程度以及未来扩展的阻力，提出基于绩效提升的空间形态发展思路。最后，归纳与总结城区空间形态的几种发展模式，计算相关指标数值，并在功能布局、交通影响、设施服务、景观环境方面进行评价，从中选择具有适宜性的空间形态方案并提出优化和完善路径。

在以子长市为例把握当前黄土丘陵沟壑区带形小城市形态特征与问题的前提下，本书以城市形态的生态条件与绩效提升为切入点，重新思考与分析生态安全诉求与未来发展绩效，经过定性定量综合分析评价最终确定适宜性城市形态模式：一种环状布局形态。这样的形态并不是一种简单的形式，它能够缓解和规避带状形态在资源消耗、社会经济、环境效益上的局限性，同时最大限度地实现城市物质空间环境在高效持续发展的同时与地域自然环境融为一体。

目 录

第 1 章

绪论

1.1 研究背景

1.1.1 城市形态的概念及其研究意义

城市形态的概念最早起源于 19 世纪人们在生物学领域中对城市的理解,即城市是一个拥有生长、发育、演化和变异特征的生物体,而城市形态反映了城市作为有机体在自然进化过程中的某种客观的物化状态。因此,"形态"能够被用来观察城市政治、社会、经济和文化特征以及探索城市发展规律,在英文文献中以 Urban Form 表达。

城市形态在概念上有广义与狭义之分。广义的城市形态主要由物质形态和非物质形态两部分组成,即城市各类有形要素的空间布置方式、城市社会精神面貌和文化特色、社会分异现象和地理分布特征以及个人对城市空间环境的认知与心理反映[1]。作为城市空间的具体物质性表征,狭义的城市形态是城市各组成部分要素平面和立面的形式、风格、布局等有形的表现,也是城市用地在空间上呈现的几何形状[2]。它既包括了水平方向上的城市功能布局和垂直方向上的三维空间,还包括了城市建成区的外围边界轮廓。

从城市形态、城市功能与城市结构的关系来说,城市功能是城市存在的本质特征,反映了城市整体活动的特点和类型,体现了城市系统内部秩序与外部环境的相互影响,综合表现为城市在一定的历史时期及特定的区域中,在经济社会发展方面所具有的地位和发挥的作用;城市结构是城市各种功能活动和要素内在的联系,反映了城市各组成部分的组织关系[3]。城市形态不仅高度概括了城市功能与结构在空间表象上的内容,还与其共同维持了城市系统的稳定、健康形成与发展。

在城市规模、自然条件、功能组织和路网结构等因素的影响下,城市形态产生了集中型与分散型两种基本模式。集中型是一种城市用地相对集中而连续分布的形式,分散型是城市空间非集聚发展的结果,形态种类也更加多样。如组团状形态是一个城市被分成若干块不连续的用地,每一块之间被农田、山地、河流、大片森林等分割；带状城市受到地形限制的影响，城市被限定在一个狭长的地域空间内，沿着一条主要交通轴线两侧呈长向发展，平面景观和交通流向的方向性较强[3]。

城市形态是规划领域的重要内容，对物质空间环境带来了不可忽视的影响，直接关系到城市总体布局、交通组织、发展效益、与周围腹地联系和在城镇群的地位。城市形态因其涉及要素的系统性、依托条件的区域性、演绎过程的社会性等特征，不仅是引起诸如生态安全、功能无序、交通拥堵、社会差异等诸多城市问题的关键原因之一，同时其合理构型与有序生长对城市及其所在区域可持续发展亦具有重要的意义[4]。城市形态研究的核心目的就是明确适宜的城市形态模式和空间生长路径，即在认知城市形态外在特征及其组织规律的基础上，通过控制和引导对其生长过程不断调整优化，使其在契合所依托的地域环境的同时，动态适宜城市发展需求。因此城市形态研究不仅对城市规划和建设具有重要的指导作用与现实意义，在结合相关学科深度挖掘城市形态各要素作用机制与城市空间生长规律的同时，也是对规划理论与方法的补充和完善。本书关注的是位于黄土丘陵沟壑区基于"两山夹一川"地貌特征的带状河谷型小城市的城市形态，主要针对城市形态概念中的形状层面展开研究，即通过分析城市建成区边界所构成的外部轮廓，及时认识城市形态的特征，把握其客观规律，并结合研究对象的地域特征及发展需求提出适宜性城市形态模式及导控路径。

1.1.2　黄土丘陵沟壑区城市形态特征与问题

我国西北地区总体地势西北高而东南低，主要河流自西向东注入黄河，黄土经沉积以后长期受到流水侵蚀切割，原来的高原面大多发育成大大小小的沟壑，形成了地表高低起伏、沟壑纵横的独特地貌。如图 1-1 所示，黄土丘陵沟壑区是黄土高原的一个重要生态类型，平均海拔高度为 800~1500m，其特点是塬面平坦、土层深厚、水土流失、地形破碎，主要分布在山西省西部、北部，陕西省北部，甘肃省东部等地区[5]。根据《全国生态功能区划（修编版）》（表 1-1），该区域地处土壤保持功能区、半湿润－半干旱季风气候区，主要植被类型有落叶阔叶林、针叶林、典型草原与荒漠草原等。整体环境脆弱，生态系统稳定性较差，水土保持功能低，土地沙漠化敏感性高，过度开垦现象突出。

黄土丘陵沟壑地区的城市普遍规模较小，发展较为落后，建设用地相对欠缺。如在陕西省北部榆林市和延安市所包含的 22 个县城或县级市城区中，有 19 个位于洛河、无定河、延河、清涧河河谷地区。相对于 2020 年全国逾 60.60% 的城镇化水平，目前这些小城市的城镇化水平整体偏低，部分尚未达到 50%。随着当地能源、旅游等产业的发展，这些城市的社会经济与城市建设得到快速提升，对于建设用地的需求不断加强，以城市空间为主体的拓展、生长将成为今后相当一段时间的主要任务。

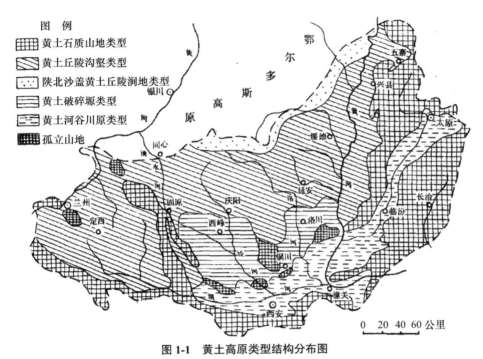

图 1-1 黄土高原类型结构分布图

图片来源：李治武，惠泱河. 黄土丘陵沟壑区生态环境治理与开发——以陕北子长市为例 [J].
西北大学学报自然科学版，1990（02）：101-113.

全国生态功能区划体系表 表 1-1

生态功能大类（3大类）	生态功能类型（9大类）	生态功能区举例（242个）
生态调节	水源涵养	米仓山－大巴山水源涵养功能区
	生物多样性保护	小兴安岭生物多样性保护功能区
	土壤保持	陕北黄土丘陵沟壑土壤保持功能区
	防风固沙	科尔沁沙地防风固沙功能区
	洪水调蓄	皖江湿地洪水调蓄功能区
产品提供	农产品提供	三江平原农产品提供功能区
	林产品提供	小兴安岭山地林产品提供功能区
人居保障	大城市群	长三角大都市群功能区
	重点城镇群	武汉城镇群功能区

资料来源：网络

然而，相较于同等规模的平原城市，黄土丘陵沟壑区的带状河谷型小城市受限于"两山夹一川"的封闭地理环境，城市空间被山体、河流分割，有限的土地资源主要分布在沿河谷、沟道两侧的平缓地带。可建设用地受河谷宽度、长度、坡度和地质情况影响，以河流为主轴连续延展，形成了狭长的带状空间形态。城市形态是空间在时间上的结晶，是外在形式不断适应功能结构要求的矛盾运动结果。由于黄土丘陵沟壑地貌上的河谷阶地相对开阔平坦，用地条件优越、对外交通便利，给城市发展提供了优越的基础条件，因而在一定城市发展规模内，这种趋利避害的带状延伸的城市形态是绩效最大化的选择。然而随着城市的不断生长，城市形态因轴向形态延伸过长导致规模扩张与结构滞后之间的矛盾，造成了诸多城市问题。具体表现为：城市内部布局不够紧凑，尤其是长轴两端缺乏有机联系，城市生产、生活、商业、服务设施等功能随着建设用地的轴向拓展重复性布局，也导致功能布局的均衡性、合理性难以为继；土地利用模式单一，开发建设方式粗放，人均城市建设用地指标过高；城市规模轴向扩大导致空间距离增加，空间联系成本提高，城市综合效益较为低下，加之长轴上的道路交通仅仅依靠一两条平行于沟谷方向的主干道承担，压力较大，易造成交通拥堵；由于狭长的空间形态导致子长城区公共服务设施系统被拉长和分散化，公共服务设施利用效率较低；此外，建设用地发展极少考虑对山体、河流等生态本底因素的联系和利用，县城或城区与周边自然环境被道路和地形完全分隔，人工与自然没有形成良好的协调关系，布局单调乏味、空间特色缺失，导致人居环境品质不高。同时，一些"上山入川"的用地扩展措施造成坡、沟、梁等生态敏感度极高的地区受到城市建成区硬质人工下垫面的包裹，土壤涵养水分能力下降，加剧山体滑坡、泥石流等地质灾害，不断威胁城镇安全[6]。

近年来，国家先后出台了一系列与研究地域相关的政策和规划。不论《陕甘宁革命老区振兴规划》《国家新型城镇化规划（2014—2020）》还是 2016 年 2 月国务院发布的《中共中央国务院关于进一步加强城市规划建设管理工作的若干意见》都明确提出了加快转变城镇化发展方式，优化城市空间形态，增强城市经济、基础设施、公共服务和资源环境对人口的承载能力等要求。2016 年 8 月，国务院又批复了《川陕革命老区振兴发展规划》，强调通过采取特殊扶持政策，支持川陕革命老区加快振兴发展，推进西部大开发，缩小区域差距，加强区域协作联动与拓展区域发展空间。2020 年以来，随着《2020 年国务院政府工作报告》提出的"两新一重"、《2020 年新型城镇化建设和城乡融合发展重点任务》《国家发展改革委关于加快开展县城城镇化补短板强弱项工作的通知》及国家"十四五"规划等顶层战略的出台，进一步明确了我国加强新型城镇化建设，着力提升县城公共设施、服务水平与农村人口就近城镇化的支撑能力，满足高质量城市生活需求。这意味着黄土丘陵沟壑区的小城市（包括县城及县级市城区）将迎来较大的发展机遇。但这些政策、机遇在带动城市发展的同时，城市空间拓展与建设用地紧缺之间的矛盾将变得更为尖锐，使原本带状城市形态所呈现出的功能布局非持续合理、交通服务低效、与自然环境缺乏有机联系等问题变得更为突出。

城市是我国经济、政治、文化、社会等方面的活动中心以及实现可持续发展目标的前沿阵地。对于在未来一段时期内具有较大发展潜力，但经济发展和城镇化水平较低、建设用地紧张且极具城市形态典型性特征的黄土丘陵沟壑区小城市而言，本书试图结合地域地貌环境特征及城市社会经济发展需求，通过空间形态的调整手段来解决城市问题，保证城市的正常运作与健康发展。

1.1.3 国土空间规划背景下城市形态发展的新态势

改革开放以来，我国城市建设在快速城镇化的推动下发生了巨大转变。据统计，2020年全国城镇化平均水平已经超过60.60%，这意味着我国已经进入全面建成小康社会的决定性阶段，新型城镇化建设走向深入发展的关键时期，将呈现出"增量"与"提质"并存的新格局。面对未来逐步减缓的城镇化提升速率以及愈演愈烈的城市病——垃圾围城、资源浪费、交通拥堵、无序扩张以及日益高涨的生活成本和精神压力，城市发展在空间格局、城乡关系、建设目标、理念和管理方式方面将面临不同于以往的新态势。

2015年中央城市规划工作会议提出：尊重城市发展规律。城市发展是一个自然历史过程，有其自身规律。城市和经济发展两者相辅相成、相互促进。城市发展是农村人口向城市集聚、农业用地按相应规模转化为城市建设用地的过程，人口和用地要匹配，城市规模要同资源环境承载能力相适应；统筹空间、规模、产业三大结构，科学规划城市空间布局，实现紧凑集约、高效绿色发展；统筹生产、生活、生态三大布局，提高城市发展的宜居性。城市发展要把握好生产空间、生活空间、生态空间的内在联系，实现生产空间集约高效、生活空间宜居适度、生态空间山清水秀。城市工作要把创造优良人居环境作为中心目标，努力把城市建设成为人与人、人与自然和谐共处的美丽家园。将环境容量和城市综合承载能力作为确定城市定位和规模的基本依据。城市建设要以自然为美，把好山好水好风光融入城市；要坚持集约发展，树立精明增长、紧凑城市理念，推动城市发展由外延扩张式向内涵提升式转变[7]。2017年党的十九大报告中，全面提出我国社会主义发展阶段正在发生历史性转变的论断，必须从高速度转向高质量发展，明确新时代经济建设、政治建设、社会建设、文化建设、生态文明建设的内容和要求。从城镇化发展阶段视角，适应从高速度转向高质量发展要求，提升空间治理能力成为中国现代化建设和可持续发展的关键。

2019年5月中共中央、国务院印发《关于建立国土空间规划体系并监督实施的若干意见》，因循生态文明与底线思维、"多规合一"、以人为本的高质量发展等线索，建立内含战略性、科学性、权威性、协调性与操作性的国土空间规划体系，明确覆盖全域、全要素、全过程的国土空间管控体系，提出在资源环境承载力和国土空间适宜性评价的基础上，强化生态保护红线、永久基本农田、城镇开发边界等空间管控边界的底线约束，统筹布局生态、农业、城镇等功能空间，形成"生产空间集约高效、生活空间宜居适度、生态空间山清水秀，安全和谐、富有竞争力和可持续发展的国土空间格局"。以生态文明、绿色发展以及以人民为中心、高质量发展为核心理念的国土空间规划，实质上是对人类空间使用行为的组织和安排，是对全域全要素的国土空间使用方式与过程的统筹协调。国土空间规划背景下的城市发展新目标与要求，不仅为黄土丘陵沟壑区带性小城市的形态可持续生长带来机遇与挑战，亦极大地丰富了城市形态的内涵：在全域系统管控、生态文明、高质量发展等理念目标下，传统思维下被隔离的发展与保护、自然环境与人工环境等规划的内容被放置在从自然环境到人工环境的连续统一体中进行综合部署和安排。因而城市形态不仅是人类改造自然环境并开展土地使用活动的重要表征，亦是人类为满足生活生产需求而开展的人为建设与地域生态环境本底自然生长动态平衡的过程[8]。这也对该地域小城市的城市形态的生长特征、规律和目标的研究，以及科学、可操作的适宜性城市形态模式与控制引导方法的探索提出了更高的要求。

针对黄土丘陵沟壑地区整体生态脆弱、环境承载能力低的情况，新时期城市空间形态发展的重点集中在加强生态建设和环境保护与城市自身高质量发展目标的协调，实现人与自然的和谐共存。在对空间形态进行控制时，遵从自然规律，以生态环境承载力为基础，挖掘生态敏感性因素，积极融合自然与城市空间环境。同时，充分尊重、顺应城市自身的生长规律，在保证生态安全的前提下走紧凑集约发展道路，从而改善带状蔓延态势，降低城市能源资源的污染和消费，提升城市整体效率和生活质量。最终探索出与黄土丘陵沟壑生态环境本底相协调、符合城市宜居发展目标并契合城市形态动态生长规律的适宜性城市形态模式，从城市所处的地域环境角度寻找出该地区城市拓展、可持续生长的新的必然，构建环境友好型的生态人居环境。这既是提高土地利用率、实现城市基础设施规模经济的现实需要，也是在有限的空间资源中实现趋向于最佳的城市发展的必然要求[9]。

1.2　研究目的、意义与基础条件

1.2.1　研究目的

城市总是在不断发展与变化，随之产生的空间形态未必是生态、紧凑、有序的。城市在发展初期，往往受制于自然环境、经济与技术发展水平而自组织缓慢生长，形态较为紧凑集约。随着现代城市化进程的不断加速，城市发展更多地受到了人为因素的影响。在传统的经济效益优先思维下，城市空间规模的扩张侧重于经济增长需要，忽视了对空间形态的合理引导，任由其"自生自灭"，导致城市形态因无法适宜于外部条件的变化而产生诸多问题。

本书选取黄土丘陵沟壑地区的典型小城市——子长市城区展开研究。典型的带状空间形态是子长城区在自然环境与地貌特征约束下空间拓展成本最小化的必然选择。这种带状延伸一旦突破了一定规模和尺度，沿长轴方向的生长态势超出了基础设施和公共服务设施支撑的最佳承载能力，城市的发展就会面临效益递减的门槛，城市轴向布局的先天不足就会表露无遗。面对带状形态对子长城区发展带来的诸如结构失衡、交通低效、景观单调、生态破坏等一系列问题，本书基于国土空间背景下城市发展的新目标与理念，首先转变对城市形态的认识观，将一种"被动存在的结果"转化为"主动调整及优化"，进而在把握当前城区形态特征与问题的基础上，从城市形态的生态性与绩效提升两个维度进行定性与定量分析，对未来城区空间形态发展进行重新审视与定位，提出适宜于自然生态环境与绩效最大化的形态模式以及相应的调整与布局优化策略，最终实现城市物质空间环境在高效持续发展的同时与地域地貌特征与自然环境融为一体。

1.2.2 研究意义

1. 理论方法的创新意义：充实黄土丘陵沟壑区地域城市形态研究的理论和方法

在城市规划等相关领域，当前针对黄土丘陵沟壑地区的研究角度大多侧重于地形地貌特征、人居环境、城市空间结构、城市布局等方面，鲜有结合城市的生态环境特征以及自身生长规律对未来空间形态的发展提出模式思考与优化路径。同时既有研究的手段方法以定性描述为主，缺少基于实践推理的定性和定量分析。此外，黄土丘陵沟壑区带形城市是明显受到地域环境和自然条件制约的一种特殊城市形态类型，其空间形态及由此引发的问题在一定程度上体现出鲜明的地域特点和规律。因此，以具有黄土丘陵沟壑区地域典型性的子长市城区为例，针对该地域带状空间形态，结合国内外城市形态相关研究和案例城市社会经济与生态本底特征，采用定性定量综合分析与数学模型演绎方法，探寻既能保护城市周边生态环境，又能实现城市空间有机、高效生长的适宜性城市形态模式，并提出相应优化路径，既是对国土空间规划新背景下城市形态理论的充实，也是对既有城市形态研究方法的完善。

2. 需求牵引的现实意义：解决黄土丘陵沟壑区小城市带状形态生长的现实矛盾

以子长市为典型的黄土丘陵沟壑地区小城市，带状形态是自然环境与经济发展条件制约下的被动选择。在国家及区域方针政策的指引下，面对发展潜力与本底约束的核心矛盾，城市空间生长如何打破现有沿沟壑谷地被动发展的狭长城市形态，采用科学、可操作的理念与方法从城市形态的合理生长以及与自然环境有机结合的角度来对形态进行控制与引导——探索既能够满足子长城区自身高效高质量生长、又能够与其所处地域生态环境本底相适应的空间形态，是本书研究的关键所在。从现实意义来说，提出能够有机融合于地域环境并与当地经济和社会发展相适应的城市空间形态模式，将有效解决当前带状形态给研究地域小城市带来的较为严重的生态安全、功能布局、交通组织和空间环境等具体问题，继而引导城市空间可持续发展。

3. 时代导向的实践意义：践行新时期生态文明建设、城市高品质发展等目标理念

生态环境脆弱，发展不充分是黄土丘陵沟壑区城市发展面临的典型问题。随着国土空间规划体系的构建与完善，生态文明、底线约束、高质量发展等新时期城市发展理念日渐成为城市空间发展与规划引导实践的价值宗旨。本文以现实问题与未来需求为导向，以空间形态的生态安全约束与绩效提升为切入点，一方面通过构建城市周边区域自然生态系统承载力计算方法，形成城市生长约束条件，保障城市生态安全底线；另一方面构建城市生长绩效测度指标导向有机、紧凑、合理的高质量城市形态，最终试图探索一种有机融合于区域生态环境特征的空间形态方案与布局方法，实现满足城市空间生长需求以及生态环境保护的"双赢"目标。这不仅为地域国土空间开发引导与保护控制、城镇开发边界科学划定等实践问题提供依据，对于建设生态优先、以人为中心的高质量人居环境，营造地域风貌特色，具有重要的实践价值。

1.2.3　研究基础条件

1. 依托课题

本书依托于国家自然科学基金面上项目"西北地区东部河谷型城市生长的适宜性形态研究"开展研究。该面上项目的研究针对西北地区东部河谷型城市在自然环境约束下被动选择的带状城市形态的局限性及其所带来制约城市可持续发展的诸多问题，在对西北地区东部河谷型城市大尺度范围生态安全格局进行研究的基础上，对中心城区空间生长形态绩效进行分析，通过选择适宜的形态测度指标体系，建立城市空间形态生长综合阻力模型，最终结合西北地区东部河谷型城市实际情况，从理论模式、方法模型以及规划实践等方面，提出了具有较强实施与操作意义的适宜性形态模式。本书依托该思路展开，主要是针对西北地区东部河谷型城市的典型地域：黄土丘陵沟壑区，以子长市为例，从城区所在自然生态环境区域与中心城区两个层面展开黄土丘陵沟壑城镇空间适宜性形态模式及其规划策略与方法的研究，是上述课题的重要研究成果之一。

2. 课题支撑

国家自然科学基金课题"西北地区东部河谷型城市生长的适宜性形态研究"的阶段性研究成果较为丰富，含课题前序成果在内的已有研究成果包括：《黄土沟壑区县城公园绿地布局方法》一部学术专著；《子长县城空间形态优化研究》《石嘴山市"永久性"与"阶段性"城市增长边界划定研究》两篇硕士论文；以及《黄土高原沟壑区小城镇空间形态优化研究》《田园城市？花园城市？——对霍华德 Garden City 的再认识》《"强制性"与"可能性"——国土空间规划背景下的"城市总体规划"探讨》《街区制模式下小学布局理论的现实困境及其继承与发展》等多篇核心期刊学术论文。

以上研究成果从理论和方法上为本书的研究内容提供了有力的支撑。一方面，有研究成果结合新时期发展理念与规划改革政策方向，从城市形态相关理论与认知层面展开基础性探索。如《田园城市？花园城市？——对霍华德 Garden City 的再认识》通过理论实践溯源，剖析了 Garden City 理论在对美好城市生活的向往中折射出的以花园绿地体系为核心的空间理想，以及促进城乡区域整体协调发展的理论本质，为本书构建适宜性城市形态的目标内涵提供了理论借鉴；《"强制性"与"可能性"——国土空间规划背景下的"城市总体规划"探讨》中的相关内容，在国土空间背景下进一步探讨了适宜性城市形态中具有"强制性"的生长底线约束与具有"可能性"的有机动态生长的辩证关系，为本书的城市形态研究思路与方法构建提供了理论逻辑支撑。

另一方面，有研究成果从城市形态引导控制的方法模式构建上展开有益探索。如《石嘴山市"永久性"与"阶段性"城市增长边界划定研究》以引导城市形态的空间管控策略——城市增长边界为研究对象，通过内涵及理念辨析，综合运用地理信息系统、多元统计数据与空间适量数据，从永久约束生态环境底线的区域层面和阶段性引导城市紧凑生长的城区层面，构建了基于阻力模型的城市增长边界划定方法，为本书的技术应用与方法模式构建给予了支持。

此外，也有研究成果针对西北地区东部的典型地貌特征——黄土丘陵沟壑区的部分带状河谷型县城，结合城市地域特征及具体实践，探索城市形态及其要素布局优化方法。如专著《黄土沟壑区县城公园绿地布局方法》及学位论文《子长县城空间形态优化研究》等，不仅在理论和方法上对研究地域做出了具有针对性、可操作性的探索，也为本书的对研究地域城市形态的基础性分析提供了第一手资料和数据来源。

综上所述，已有研究从理论认知、方法模式、基础资料和地域实践探索方面为本书积累了良好的基础，本书在继承、延续既有研究的前提下，需要进一步将既有的不同阶段、散点式研究成果整合为有逻辑的线索，针对黄土丘陵沟壑区带形小城市的地域特征、存在问题与发展需求，从区域自然生态本底约束和城区高效有机生长两个层面，结合典型案例对城市形态的影响因素，演变规律进行系统研究，进而探索适宜黄土丘陵沟壑区小城市生长的城市形态建构方法、理论模式与实践路径。

1.3　研究内容与方法

1.3.1　研究内容

本书在内容结构上从以下五个部分展开。

（1）第一部分为国内外关于空间形态的研究状况。在充分吸收国内外关于城市空间形态的研究理论基础上，集中论述在生态文明和高质量目标导向下与定量测度两个方面对空间形态的既有研究，进而为黄土丘陵沟壑区适宜性形态模式与优化策略的提出提供基本的理论与方法支撑。

（2）第二部分为黄土丘陵沟壑区带形小城市典型案例子长城区发展基本概况。具体包括城区在区位、人口以及经济方面的发展状况。同时，针对城区空间形态在功能结构、交通效率、设施服务、景观环境、生态安全方面存在的问题，从区域地位与资源条件、城市发展机遇等方面来分析未来城区空间形态发展的基本条件与未来需求。进而，从生态安全约束与形态生长绩效两个层面提出研究地域适宜性形态构建思路。这一部分为子长城区空间形态的分析与研究奠定基础。

（3）第三部分为子长城区空间形态的地理环境与生态本底分析。城区的带状形态是外部自然环境与地貌特征限定下的结果，然而生态条件并不一定只能是限制因素，在保护底线的前提下，它同样可以作为一种潜力因素被合理挖掘与利用，以凸显城市形态的地域性与独特性。基于以上思考，本部分首先将研究范围界定为城区所处的更大尺度区域范围，对城区所在区域的地形地貌、气候特征、水文条件、生态问题进行分析。其次，结合地域生态环境特征及生态因子影响程度，选取洪灾风险、地质灾害风险、河流、水源地、坡度、土地覆盖类型六个生态安全影响因子，对城区及周边区域进行生态敏感性评价。最后，结合未来预期的人口规模、适宜建设的用地分布情况以及生态资源的利用状况，从生态安全的角度对空间形态发展展开讨论。

（4）第四部分为子长城区空间形态的测度与绩效分析。首先，梳理并选取能够反映城市空间形态特征的众多指标，搭建起包括形状率、圆形率、紧凑度、延伸率在内的测度体系。在此基础上，梳理城区空间形态的演变历程，计算历年城市形态的指标数值，深入分析其时空特征、紧凑程度以及未来发展所面临的阻力，在此基础上构建城市形态生长阻力模型，并总结基于绩效提升的空间形态发展思路。

（5）第五部分为子长城区空间形态的适宜模式选择与优化途径。根据城区及周边区域内可建设用地的分布以及组合情况，归纳与总结未来城区空间形态可能的多模式，并参照第四部分的测度指标分析紧凑程度，从功能布局、交通影响、设施服务与景观环境方面展开综合评价，判断最适宜的形态模式。在此基础上，依托现有建设条件与未来发展诉求，提出城区空间形态调整的基本思路，并在总体和内部要素组成层面进行布局优化。

1.3.2 研究方法

1. 文献研究法

梳理国内外关于城市空间形态的理论著作和文献，在研究内容和方法上分析其特点和问题。通过收集整理地方市志、城市规划图、城市建设志、城市文史资料等历史文献资料，归纳在塑造城市形态方面有实际借鉴意义的规划设计案例，并进行系统整理和分析，为本书提供基础理论与方法支撑。

2. 学科交叉法

基于以生态文明、高质量发展为核心理念，以要素系统统筹安排为管控思维的国土空间规划背景，根据本书的重点研究内容和方向，本书在方法模式构建上采用多学科交叉的综合研究方法，全面运用城市规划、城市地理学和城市生态学等相关专业的理论研究成果，探索建立黄土丘陵沟壑区小城市适宜性城市形态模式。

3. 历史分析法

城市空间形态的产生和发展并不是一成不变的，是一个持续不断的动态过程，同时又具有相对稳定的时期，呈现出一定的阶段特征。本书通过分析不同时间阶段的城区空间形态，全面考察城市发展历程，深刻理解其中的特征与规律。

4. 归纳演绎法

城市空间形态的产生和发展并不是一成不变的，它是历史积累和演化的结果。因此，本文通过研究城市空间形态演变的阶段性特征，归纳出城市各阶段空间形态的特征与规律，并演绎出未来城市空间布局与生态环境融合的理想模式。

5. 系统分析法

通过系统分析城市形态的生态条件与演变规律，为探求具有适宜性的城市形态提供现实切入点，使结论更加整体系统化。

6. 模型构建法

采用 ENVI 和 ArcGIS 作为软件支撑平台，通过"卫星遥感影像解译——区域生态安全格局构建——城市生长绩效的形态测度"的逻辑建立研究地域城市空间生长综合阻力模型，为适宜性形态模式选择提供科学支撑。

7. 实证分析法

通过实地调研、访问、座谈等方法，收集子长市城区空间形态资料，对现状建设状况进行专业认识和了解，提出空间形态调整与优化的宏观框架和规划策略，将理论研究成果应用于具体规划和建设，检验其在实践中的可操作性。

1.3.3 研究框架

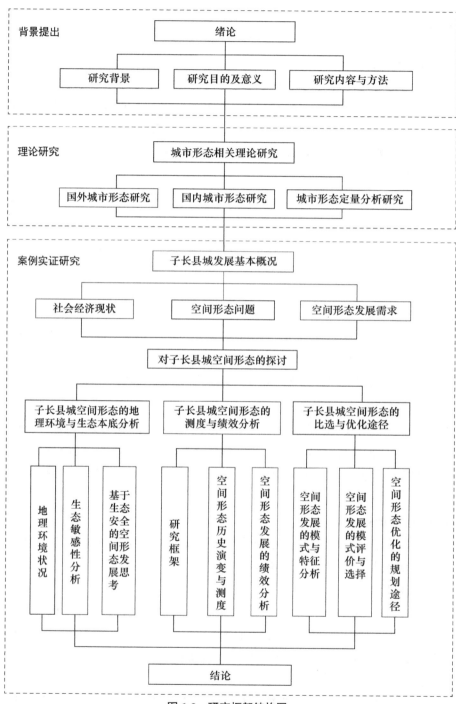

图 1-2 研究框架结构图

图片来源：作者自绘

第 2 章

国内外相关研究综述

本章试图通过对国内外城市空间形态研究进展的概括总结，理清当前城市形态的研究重点和趋势，从而明确研究方向与方法，为后文子长城区空间形态的分析与优化提供理论支撑。

2.1 国外城市形态研究综述

2.1.1 国外城市形态研究历程

关于城市形态，西方早期模式主要是以公共活动场所为核心，以几何构图手法追求城市空间的雄伟壮观。当时的研究尚处于一种简单的构图形式，以古希腊的希波丹姆模式和古罗马的维特鲁威八边形的理想城市模式为典型代表。具体表现出几个较为明显的特征：一是追求几何图形；二是要反映宗教的象征意义；三是体现统治者的威严；四是为防御而修建的城墙所圈范围即为城市的全部，而城市的"形态"也主要由城墙所确定[10]。

工业革命后，越来越尖锐的城市问题引发了人们对城市空间较为深入的思考。随着索里亚·y·玛塔（Arturo Soria y Mata）的带形城市、霍华德（Ebenezer Howard）的田园城市、恩温（R.Unwin）的卫星城理论到沙里宁（Eliel Saarinen）的有机疏散理论再到盖迪斯（Patrick Geddes）的城市区域思想的逐步提出，早期学者针对城市在特定发展阶段中出现的某一类问题，开始在理论和实践层面对空间形态进行了探索，特别是索里亚的带形城市，强调和主张城市平面布局应呈狭长带状发展，城市的生活用地和生产用地，平行地沿着交通干线布置；大部分居民日常上下班都横向地来往于相应的居住区和工业区之间；同时也具接近自然和"不断延伸"的生长弹性等特征。这与本课题所研究的黄土丘陵沟壑城市在城市形态上最为相似。1841 年，德国地理学家科尔（Johann Georg Kohl）基于地理学知识对城市空间结构展开研究，发表了著作《人类交通居住地与地形的关系》。自此，城市形态作为一种专业理论被推广开来，继而逐步发展成为城市形态学[10]。

20世纪初期，德国地理学家施吕特尔（Otto Schluter）的《人文地理学的形态学》对城市形态的研究产生了重要影响。这一阶段的研究使聚落形态的分类被科学建立起来，从而奠定了聚落形态研究的理论基础。此后，对城市形态的认识出现了新的特点，即强调从动态、社会角度深入到城市内部，探讨其内部结构与社会经济的关系，同时提出城市形态的三个主要分析因素：街道平面布局、建筑风格以及土地利用模式，并通过研究三个要素之间的相互影响来分析它们对于城市形态变化的作用[10]。

1920年代起，美国芝加哥学派提出了城市内部结构形态模式——同心圆理论、扇形理论和多核心理论[10]。而1933年德国地理学家克里斯塔勒（Walter Christaller）在其著作《南德的中心地》一书中提出了中心地学说，更是对其后城市形态研究产生了深远的影响，即从单纯的城市功能布局转变到城市土地利用、经济发展以及与城市空间发展之间的结合[10]。

20世纪50年代以后，随着社会进步和城市发展，越来越多的研究人员不满足于传统研究方法，对城市形态转向精确定量化的理论分析。1960年代，城市形态研究关注的重点从形态学自身发展转向对城市建设周期、地租理论和居民心理行为的研究。卡特（Cater）和威迪汉德（Whiterhand）把城市形态的发展与城市社会阶层分布和人口迁移规律联系起来，以地租理论和行为心理研究分析其历史轨迹和发展规律；韦伯（Max Weber）从社会学角度研究城市空间、城市活动、人口分布和土地利用之间的关系；戴维斯（Kingsley Davis）指出某种城市形态的延续性主要取决于其对城市功能的支持程度，二者之间的这种关系体现在城市发展的整个过程。除地理学家之外，这一时期的城市形态研究也扩展到了规划学和建筑学，规划师和建筑师们把人对环境的感知和由此而产生的后果作为主要研究内容。较有代表性的成果有考夫卡（Kurt Koffka）的行动环境理论、莱文（K.Lewin）的生活空间理论、陶鲁曼（E.C.Tolman）的形态地图理论、罗西（Aldo Ross）的形态——类型学理论等[12]。

20世纪50年代，希腊建筑师杜克塞迪斯（Doxiadis）充分借鉴建筑学、地理学、社会学和人类学方面的学科知识，对人类生活环境所具备的形态进行深层次的研究，建立了人类聚居理论。1977年，拉波波特（Rapoport）发表了具有广泛影响的著作《城市形态的人文方面》，把城市形态与人类精神活动相结合，采用信息论和人类学的观点进行研究，认为城市形态的塑造应该依据心理、行为和社会文化的准则，并提出应以人为中心来研究个人和集体的自然与社会文化环境的经验[10]。

1981年，林奇（Kevin Lynch）在物质空间层面对城市形态展开研究，并著《城市形态》一书。书中提到：聚居形态，一般指的是城市中大规模的、静态的、永久的物质实体，如建筑物、街道、设施、山丘、河流、甚至树木。同时，他强调人的行为活动、社会结构、经济体系、生态环境、文化习俗等城市非物质形态构成要素对城市形态的重要意义[14]。他将人的价值观融进对城市形态的探讨中，提出有机体模式、机器模式、宇宙模式三种标准的城市形态。此外，他还将活力、感受、适宜、可及性、管理、效率和公平这7个性能指标作为衡量城市形态是否合理的借鉴标准[14]。

20世纪90年代以来，城市的加速扩张使空间发展经受着巨大压力，在这种情况下相继出现了紧凑城市、精明增长、新城市主义、可持续发展等理念思想，使人们对于城市形态的理解上升到新的高度，对于城市形态结构的发展趋势是向紧凑发展还是向松散发展的讨论再次成为热点。人们从能源利用、城市效率、交通组织方式、城市管理与经营、就业选择、社会保障、基础设施、城市环境等方面来探讨什么是最有利于可持续发展的城市形态[15]。如弗莱（Hildebrand Frey）在著作《设计城市：向着更加可持续的城市形态》中从可持续发展的角度探讨了城市和区域的物质结构形态[16]。詹克斯（Mike Jenks）在著作《紧缩城市：一种可持续发展的城市形态》中探讨了高密度城市生活的益处和害处[17]。

与此同时，随着全球化、信息化和现代化交通引发城市空间形态的改变，研究逐渐转向区域尺度下的网络空间和协调机制，并且更加注重人居环境与自然生态的结合。昆曼（Kunzman）和魏格纳（Wegener）认为大城市连绵区是产业空间重组的结果，是城市化发展进入高级阶段出现的以集聚和扩散为主要特征的地域空间组织形式。弗里德曼（Friedmann）对城市体系的等级网络进行了研究，提出了核心—边缘理论来解释区域中不同城市的结构关系以及非均衡发展过程[18]。以戈特曼（Gottanman）、弗希曼（R.Fishman）、杜克西亚迪斯（Doxiadis）、阿部和俊、高桥伸夫等为代表的学者从人与自然资源的使用角度出发，针对日益显著的大都市带现象，提出世界连绵城市结构理论[19]。曼纽尔·卡斯特尔（M.Castells）对信息时代的城市空间结构形态进行描述，提出信息城市概念，认为未来城市空间建立在各种"流"、连接、网络和节点的基础上[20]。汤森德（Townsend）提出由Internet骨干网组成并在高素质劳动者中普及的都市区构成的网络城市概念[19]。其他诸如智能城市、比特之城等概念，都以全新的角度改变了传统的城市空间布局思路。

综上所述，国外对城市形态的研究经历了从显性几何构图到系统深入分析、从城市范围到区域乃至全球范围的一系列变化。这种趋势无疑对我国的城市规划理论与实践起到很好的借鉴作用。

2.1.2 多学科视角下的空间形态研究进展

城市形态代表了城市这个复杂巨系统的深层内容，在表象上具有多重属性，涉及城市内在结构中的社会、经济、技术、文化、环境等诸多方面。近年来，随着人们对城市和区域管治、新城市主义、精明增长、生态城市、人文主义等规划理念的关注以及计算机技术的成熟，大量文献通过自身的知识方法体系，从多个学科领域对城市形态展开了研究。为了深入了解研究的多样性，本节从以下四个视角来综述国外城市形态研究的最新进展。

1. 经济学角度

城市中的各种经济活动与生产关系都会对城市物质空间环境产生较大影响。经济学视角下的城市形态研究重点关注土地利用的经济效益。研究数据通常采用人口普查数据中的人口与住房信息，城市规划部门提供的土地类型与分配信息，以及劳动局提供的就业地址、类型与规模等信息[21]。研究内容包括两方面：

（1）城市经济学家对城市最佳人口与用地规模进行计算，在理论上讨论城市具有何种人口、用地规模才能达到边际效益和成本的平衡[22]。

（2）城市地理学家对城市土地结构应该是单中心或是多中心展开讨论，有研究表明土地利用随着城市规模的扩大由单中心向多中心转变是一种趋势，多中心的出现并不会降低首要就业中心的重要性[24]。

2. 社会学角度

城市规划处理的是空间与社会之间的关系，社会学视角下的城市形态研究侧重于城市空间社会问题，即在充分认知现有社会利益关系的影响及可能产生的后果的基础上，解决城市中各类空间资源的有限性与不同社会群体需求的复杂性或多样性之间的矛盾[25]。美国芝加哥学派的帕克（Robert Ezra Park）认为城市的外观结构是人类的特征，城市实质上就是人类的化身，他通过调查分析城市生活结构，用种族、阶层以及生活方式来分析城市形态，提出城市形态是马赛克式镶嵌形成的[26]。卡特（Carter）通过地租理论和行为心理分析，阐述城市形态与社会阶层、人口迁移的关系[27]。雅各布斯（Jane Jacobs）在《美国大城市的死与生》中批判现代主义城市形态功能主义的缺陷，从城市社会学的角度认为多样性应该成为大城市的本质属性，城市空间形态应充分尊重居民意愿和日常生活方式。

3. 景观生态学角度

景观生态学者主要强调自然环境和资源保护，在城市形态研究中广泛应用于区域尺度的自然资源评估、海岸带监测、栖居地保护、土壤分类、水文分析、耕地评估或者植被条件的评估等[28]。它的关注点不在于城市内部，而是针对城市边界之外的耕地、牧场、森林、水域等地表覆盖类型的质量与分布规律[29]。20世纪80年代以来，美国学者芒福德（Lewis Mumford）主张在区域生态环境承载力范围内构建多中心、相互独立又有机联系的社区，并通过整体清晰的区域交通体系形成网络式、生态化的空间结构体系[26]。福尔曼（R.Forman）提出生态有机系统由通过廊道连接的多个相互交织的栖居斑块组成[30]。上述结论不再只是单纯地针对城市内部的用地组成，而是侧重于保持城市建成区以外的多元化与差异性。因而研究城市发展时主要考虑在大尺度的区域范围内建立自然保护区，并强调对物种多样性的保护。

4. 环境行为学角度

二战以后，功能主义主导下的大规模城市建设带来了许多弊端，传统的物质空间规划在西方主流规划学界逐渐受到批判和反思。亚历山大（Christopher Alexander）在著作《城市并非树形》中提出城市空间是一个复杂的组合体，其空间结构应该是网络状而不是树形的，树形的空间结构只会让城市丧失活力[31]。另一方面，人们试图重新以人的活动感知与体验来重新衡量城市空间。研究通常在城市的某个片区或者更小的街区尺度下进行调查，通过和使用者的访谈来获得真实的数据，进而研究人们对城市环境的认识情况。在具体方法上，林奇（Kevin Lynch）在著作《城市形态》中从行为感知的角度提出了生命力、适宜性、可及性等几个衡量城市空间形态的指标；他在著作《城市意象中》采用社会心理学的研究思路，借鉴心理学和行为学的各项成果与方法，以案例调查的方式采访来自城市中不同社会阶层和行业的人群，分析人们在日常生活中所能感知到的城市形态要素，进而总结出城市意象的五大元素——道路、边界、区域、节点、标志物。

2.1.3　小结

纵观国外城市形态研究的发展历程，研究范围和深度都在不断提升和加强。研究对象上呈现出从早期对个体城市到对当前城市区域、城市群体的研究；研究视角上呈现多学科融合的趋势；研究内容上，伴随着人文主义思潮的兴起和对社会的关注，主要从城市实体、物质空间深入到政治、经济、社会研究，并从可持续发展角度着重研究理想城市、生态城市、高科技城市等主题[32]。但是，由于社会、经济、文化、环境以及城市发展阶段的不同，我国西北地区，尤其是黄土丘陵沟壑地区城市发展建设与其规划面临的问题与西方国家有着极大的差异。仅仅从城市化水平来看，一个具有很大发展潜力的地区与一个早已达到饱和的地区面临的问题就是截然不同的。因此需要在镜鉴国外城市形态重要研究的基础上，结合黄土丘陵沟壑去小城市的发展阶段与地域特征，开展具有针对性、可操作性的城市形态研究。

2.2　国内城市形态研究综述

2.2.1　国内城市形态研究历程

在我国，由于政治、经济及城市发展等因素，有关于城市形态的研究直到改革开放以后才逐渐展开。20 世纪 90 年代以前，国内关于城市空间形态的研究大多借鉴国外理论知识，并未与中国城市的实际建设相互结合。直至 20 世纪 90 年代以后，我国学者才开始针对本国城市的发展特点进行规划研究。

武进的著作《中国城市形态、结构、特征及其演变》（1990），被认为是早期国内学者对中国城市空间形态研究的代表作品。该书第一次较为系统地对中国城市形态的形成、演化及空间结构特征进行了研究，对城市形态的主要研究方向——包括城市内部结构、土地功能分区、社会空间、城市边缘区等方面的内容，进行了积极有益的探索，提出了城市形态的问题实质、演变的动力机制以及城市形态评价与选择的基本原则[10]。在对空间形态进行特征描述时，武进最早将城市形态概念分解为结构（要素的空间布置）、形态（城市外部的空间轮廓）和相互关系（要素之间的相互作用和组织）3 个方面，并从城市建成区外部轮廓特征、城市用地空间扩展特征和道路网特征角度诠释形态特点[33]。他将城市外部形态划分为集中型城市和群组型城市两大类型：集中型城市分为块状形态、带状形态、星状形态，群组型城市分为双城形态、带状群组和块状群组[1]。

胡俊的著作《中国城市模式与演进》（1994）依据城市基本组成区各自发展程度的不同及其空间相互配置关系的特点，将中国现代城市外部形态划分为集中块状结构、连片放射状结构、连片带状结构、带卫星城的大城市、双城多镇结构、双城结构、分散结构 7 种基本类型[34]。

段进的著作《城市空间发展论》（1999）围绕城市空间发展这个主题，从深层结构到外部形态、从宏观结构到微观形态都进行了全面系统地研究。柴彦威的著作《中日城市结构比较研究》（1999）运用时间地理学方法，对比了中、日两国城市内部结构，归纳了基于土地利用的中国城市内部空间结构模型及其形成机制[35]。张京祥的《城镇群体空间组合研究》（2000）探讨了不同城市之间从宏观尺度到微观尺度的空间组合模式[36]。顾朝林的《集聚与扩散——城市空间结构新论》（2000）在城市空间的表层和深层结构提出了新的见解[37]。尤其是朱喜钢的《城市空间集中与分散论》（2002），基于城市空间演化中集中与分散矛盾运动的表征，论述了城市空间演化集中与分散辩证统一的本质特征与内在机制，在此基础上提出顺应城市空间演化规律的城市空间结构模式：将集中的经济性与分散的生态性有机结合的"有机集中"空间组织模式[38]。这对本书在用地条件有限且生态本底极为脆弱的黄土丘陵沟壑区小城市中探索适宜性城市形态模式具有重要的借鉴意义。综上所述，这些成果覆盖面较为广泛，表明我国学者开始对城市空间结构进行系统化研究。

熊国平的著作《当代中国城市形态演变》（2006）延续了武进对城市形态的研究思路，并将时间定格于 20 世纪 90 年代以来中国历史发展的一个崭新的改革开放背景，即在多元、多方位、多因素作用下，从大量中国城市形态演变的实例中，概括和提炼 20 世纪 90 年代以来我国城市形态演变的特征[15]。他认为，城市空间形态的发展受到产业空间的影响，主要形式是外延跳跃，主要方向是人文关怀与人地和谐。

在快速城镇化进程中，我国城市建设得到了大力发展。城市形态问题作为城市发展和规划实践过程中不可忽视的研究内容，已经越来越受到学者们的重视。目前的研究成果主要体现为以下特点：（1）内容涵盖各个方面，如形态演变的影响因素、驱动力、演变机制、形态构成因素、分析方法和计量方法等；（2）充分借鉴国外及相关学科的研究成果和方法，以拓宽研究思路；（3）根据我国不同地区城市的具体情况——包括自然、政治、社会、经济、文化、城市现状及未来发展潜力的巨大差异所呈现出的复杂性与多样性，展开具有针对性的研究。但是，深度、系统性及对未来城市形态发展趋势的预测研究仍显不足，有代表性的、有分量的著作较为缺乏[10]。

2.2.2　黄土丘陵沟壑地貌城市形态相关研究

黄土丘陵沟壑地区的城市大多属于河谷型城市，即受到"两山夹一川"的影响，城市主体在河谷底部河流阶地上发育，形成带形空间形态。目前国内关于黄土丘陵沟壑地貌的空间形态研究主要侧重于山地城市与河谷型城市两方面，并且都有着较为深入的探索与总结，研究内容、方法、手段不断完善。但是总体来说，现有基于山地城市的研究较为丰富，而针对河谷型城市的系统性研究仍然较少。

1. 山地城市空间形态研究

我国山地城市学的奠基人黄光宇认为山地城市的非建设用地关系着城市的生态安全，控制着城市人居环境质量，因此山地城市规划的第一原则是评估山地城市所处的生态环境，整合城市发展与生态空间的组织协调关系，实现城市空间结构与形态适宜于山地自然环境特点。他研究了地形条件和自然生态环境对城市建筑的影响，根据空间形态发展变化的几何特征和地貌特征，对山地城市形态进行模式化研究，总结出带型、放射型、环形等多种空间类型。

重庆大学赵万民自20世纪80年代以来一直致力于山地城市的研究，将山地城市—建筑—景观有机融贯，从自然—人文的地域特征和文化内涵方面寻找支撑，发展了山地人居环境学，构建了融山地城乡规划理论、山地城市设计、山地居住区规划设计、山地城市生态、山地区域发展、山地城市规划技术、山地历史文化遗产等为一体的学科体系。他将城市空间分为正负空间，认为城市由人工部分和自然部分构成，城市空间形态中属于人工实体的部分，为城市正空间；属于虚体的自然部分，为城市的负空间；城市正负空间之间是相互融合、相互构成、相互共生、相互感应的关系[39]。其著作《山地人居环境七论》从聚居文化论、流域生态论、城市统筹论、空间形态论、防灾安全论等各方面展开研究，剖析了山地城市建设中体现出的特殊性与复杂性问题，总结了城市空间形态演变的特征与规律，提出了适应地形环境的自由组团布局。

此外，陈玮（2001）提出了山地城市形态发展及变异的阶段性，并对其发展的经济社会背景进行一定分析。王纪武（2003）以重庆和香港为例，列举出了山地城市"上山""下江"和提高空间利用率三种城市空间模式，指出集约式的空间利用方式是创造宜居城市空间的有效方式。汪昭兵等（2008）对74个复杂地形的规划进行分析，归纳出这些城市空间大多以工业空间或新城规划为先导跳跃式发展[40]。其空间形态可以归纳为单中心外围组团式、（双）多中心组团式、大分散小集中式和带状组团式4种类型。

2. 河谷型城市空间形态研究

对于河谷型城市空间形态的探讨在1990年代以前仅散见于部分城市研究中。例如20世纪50年代兰州、西宁等城市在建设时均考虑到河谷地貌对城市空间结构、土地利用、交通系统的影响。鉴于这类城市用地十分紧张，合理分级、评价与利用土地就十分重要。20世纪80年代以来随着城市土地定级估价工作的连续开展，多数河谷型城市都进行了土地定级与估价，推动了河谷型城市土地利用方面的研究工作。如兰州市的土地定级与估价、土地利用规划、卫星城设置等都取得了相应进展[41]。此外，有些学者研究其他问题时也包含对河谷城市的探讨。顾朝林在对中国城镇体系研究中包括了对陇中地区等以河谷型城市分布为主的城镇体系研究；武进在研究中国城市形态时也涉及重庆、兰州等河谷型城市形态特征[41]。

1990年代以后，对河谷型城市的研究逐渐增加。1997年，周一星将中国城市按区域地形分为滨海城市、低山丘陵区的河谷城市等十大类型。1999年以后，杨永春从地理学角度阐明了河谷型城市的定义、特征、分类、分布，探讨了中国西部这一特定地域与特点环境下河谷型城市的发展、交通、环境等问题，自此河谷型城市开始被当作一类城市进行研究。

目前，河谷型城市研究可分为三大类。一是关于资源型河谷城市的可持续发展问题，例如城市矿产资源枯竭对城市产业转化、经济结构、就业、环境等带来的一系列问题，如铜川、韩城、攀枝花等城市[41]。二是关于大、中型河谷城市发展的空间环境问题，例如张林源、艾南山、鲜肖威、毛汉英、朱兆臣、马交国、滕丽、孙有信、潘竟虎、董晓峰、赵四东、王生荣等人对兰州城市结构形态、空间发展效益、自然环境与聚落关系、交通问题、热环境、人口容量等方面的研究，还有广晓平、夏永久等人对河谷城市的道路交通、环境污染问题的研究等。三是关于河谷型城市的空间结构形态研究，例如钟源、成亮、杨红军等以兰州、天水、攀枝花、乐山等城市为案例，初步研究河谷型城市空间结构形态和空间拓展问题。通过对河谷型城市的现有研究成果进行分析，可以看出目前关于河谷型城市空间结构与形态的研究在系统性和深度上较为缺乏，尤其是针对在西北地区东部、黄土丘陵沟壑地域的河谷型中的小城市。

3. 黄土丘陵沟壑区城市形态研究

有关黄土丘陵沟壑区城市形态的系统性研究相对匮乏，相关研究主要集中在演变规律、模式分析，或是结合具体实践项目的规划方法解析。如周庆华在著作《黄土高原·河谷中的聚落：陕北地区人居环境空间形态模式研究》（2009）中，以生态学原理为基础，针对陕北地区的人居环境形态展开研究。书中结合黄土沟壑区流域治理的相关成果，分析了所形成的河谷闭合效应、河谷集聚效应、河谷交汇效应、河谷传输效应等相关规律，重点从宏观层面、中观层面、微观层面分别提出黄土沟壑区人居环境空间形态演化的河谷城镇空间递阶扩张模式、城乡空间统筹发展模式和小流域乡村枝状空间模式[42]。本书作者之一黄明华等（2016）曾结合规划实践，在分析黄土高原沟壑地区受到特殊自然环境和特定城市发展阶段的影响，城市空间扩展存在很大的被动性后，以子长县为例，在分析县城带状空间形态的主要问题及未来发展诉求的基础上，对县城及其周边进行大面积、全覆盖的用地分析与选择，最终确定了未来城市空间拓展的"趋利避害"的环状组团布局形态[43]。此外，王琛、张沛、张雯、刘康宁、王恬等多位学者就西北地区东部黄土沟壑区带形河谷城市形态演变特征与适宜生态环境与地形地貌的城市形态与布局优化等方面展开研究[12][44-48]。综上所述，黄土丘陵沟壑区城市形态相关研究多以个案解析或定性分析为主，尚缺乏从适宜性城市形态构建方法、理论模式到实践路径的总结性、系统性与可操作性探索。

2.2.3 以生态文明和高质量发展为导向的城市形态研究

1. 以生态为导向的城市形态研究

城市是一个不断生长和演变的有机生命体，其发展不仅意味着人类社会经济的增长以及物质空间规模和功能的增加，还意味着作为一种复合的生态系统为自然环境提供资源交换的基础条件。我国幅员辽阔，不同地区的生态环境差异很大，城市之间的发展情况也不尽一致。尤其是在黄土丘陵沟壑地区，城市发展一方面受到宏观政策和市场经济环境的作用，另一方面还受到区域脆弱生态环境的影响，需要考虑空间与自然的融合关系。因此，以生态为导向的城市空间研究显得尤为重要。

针对生态城市主题，国内学者在空间结构形态、指标评价体系、生态规划方法等方面进行了大量研究。沈清基（2000）提出：城市规划应在各个环节和方面引入城市生态规划的思想和方法：（1）从区域、动态和多维角度研究城市空间发展规律；（2）在城市规划调查阶段引入城市生态调查；（3）在用地评价方面引入城市土地的生态评价；（4）引入生态功能区划，划分城市用地的生态敏感区、生态控制区和生态功能区等；（5）在城市发展因素中引入多项生态发展因素分析；（6）在城市功能认识上增加城市生态功能等；（7）扩展城市园林绿地系统规划作为城市生态支持系统的规划[49]。

在城市实践中，许多城市争相提出建设生态城市的宏伟目标，发展形成了一些具有代表性的城市形态，如四川乐山的绿心环状形态。作为山水城市和著名风景旅游城市，乐山市规划在城市中心地带（现状为丘陵林地）开辟 8.7km² 的城市绿心作为永久性的绿地，通过建设森林公园保持自然生态环境。在绿心内部，根据地形地貌和土壤条件，细化不同的功能区，在满足市民游憩、交往需要的同时维持城市良好的自然生态平衡。乐山独特的城市形态把人造环境与自然环境有机结合起来，不但能使人际交往与联系大大加强，而且使人与自然界有更直接的接触与联系，使城市功能结构更加合理[49]。

国内具有生态思想的规划理论主要是借用相关技术手段，将生态规划与用地布局相结合，以引导城市形态发展。在进行具体规划实践时，提出建设生态城市的目标，在空间布局上充分考虑自然条件和地域环境，采取生态修复、海绵城市等生态规划方法，提出绿色宜人、风貌独特的城市空间形态模式。

2. 新发展理念下的城市形态相关研究

近年来，随着国土空间规划体系的构建，以及生态文明建设、以人为中心、高质量发展等新发展理念向空间规划理论与实践的渗透，城市形态的相关研究聚焦于探寻适宜于城市社会经济文化高质量发展与自然生态环境系统保护优化协调共融的基础认知于理论模式。

有学者立足新发展理念下的城市发展趋势，通过对经典城市理想模型的溯源与镜鉴，从宜居品质、城乡融合、综合效益等方面探寻新时期理想城市形态的"钥匙"。如黄明华等（2018）通过对 Gardencity 理论背景、理想方案与规划实践的回溯，从理论本意上重新诠释了 Gardencity 寓于绿地花园体系的城市空间理想以及实现城乡区域协调的理论本质[50]；刘亦师（2020）则梳理了规划史上另一重要的理想城市模型——楔形绿地思想，诠释其理论价值在于创造出有利卫生和健康的通风廊道和居民便于接近的城市绿地，且结合城市的内外交通在区域范围中协调空间和资源布局，同时还蕴含着破除城乡区隔的深远寓意[51]；此外刘亦师（2020）的相关研究也重新解析了经典带形城市理论的内涵，即通过与轴向交通规划紧密结合，使拥挤的大城市的人口和产业向广袤、衰败的农村地带疏散，以此推进城乡结合并改善居住环境、协调资源配置，进而缓和阶级矛盾、实现社会改良的宏大愿景[52]。

此外针对新时期城市发展面临的现实问题与挑战，也有学者结合时代需求推进了城市形态理论与实践模式研究。运迎霞等（2020）针对当前严峻的城市问题，认为现阶段可持续城市形态研究应从生态智慧自然观、人文关怀人本观、整体思维系统观、与时俱进发展观、和谐共处平衡观、活力重塑空间观等方面进行系统的哲学思考，进而为城市形态研究提供思路[4]。单樑等（2020）结合深圳宜居城市规划建设，在城市形态方面总结了网络化带状组团的城市格局有利于与周边自然本底形成完整的生态系统，同时可提高城市运行效率，奠定城市高效、生态、弹性的宜居本底[53]。此外，随着公园城市相关研究与实践的推进，有学者也从城市生态价值与宜居理想和谐共荣的理念出发探讨城市形态发展方向，芦静（2020）基于西部山地小城市良好的地形地貌条件和独特的景观资源，提出"溯源、交融"的城市空间规划建设策略，在遵循城市自然本体环境的基础上，营造城市建设与生态本底相融的景观生态格局，实现保育与发展的动态平衡[54]。

2.3 城市形态定量分析研究

随着 GIS 技术的兴起与不断成熟，人们希望通过一些规范的技术方法来营造良好的城市形态，从而抑制城市无序蔓延、改善居民生活品质。一些学者在形态测度和绩效衡量方面引入量化分析方法，以加强城市形态研究内容与成果的科学性和说服力。

2.3.1 国外城市形态测度方法

目前国外对于城市空间形态的度量基本是采用数学模型方法。主要方法包括以下几种。

（1）1961 年，Richardson 提出的公式为：

$$C_{\text{o}} = 2\sqrt{\pi A} / P \qquad (2\text{-}1)$$

式中，C_{o} 为紧凑度指数，A 为城市建成区面积，P 为周长。

（2）1961 年，Gibbs 提出的公式为：

$$C_{\text{o}} = 1.273 A / L \qquad (2\text{-}2)$$

式中，C_{o} 为紧凑度指数，A 为城市建成区面积，L 为最长轴的长度。

（3）1964 年，Cole 提出的公式为：

$$C_{\text{o}} = A / A' \qquad (2\text{-}3)$$

式中，C_{o} 为紧凑度指数，A 为城市建成区面积，A' 为该区域最小外接圆面积。[55]

（4）1999 年，Bertaud 和 Malpezzi 提出一个指数 P，即到中心商务区（CBD）的平均距离与圆柱形城市中心的平均距离的比率，这个圆柱形城市的基底应该和建成区一致，而高度则为平均人口密度。公式为：

$$P = \sum d_i w_i / C \qquad (2\text{-}4)$$

式中，d 为第 i 块用地到 CBD 的距离，w 为该用地人口占城市人口的份额。[55]

（5）2001 年，Galster 等提出界定城市蔓延的 8 个指标——居住密度、建设用地的连续性、建设用地集中度、建设用地集群度、居住用地相对 CBD 的集中性、城市多中心程度、用地功能混用性、邻近性。其中集中度指标可以反映建设用地紧凑度。差异系数为：

$$COV(i)u = \sum_{m=1}^{M} \left[(D(i)_m - D(i)_u)^2 / M \right]^{1/2} / \left[\sum_{m=1}^{M} D(i)_m / M \right] \quad (2-5)$$

Delta 指数为：

$$DELTA(i)u = \left(\frac{1}{2} \right) \sum_{m=1}^{M} \left[(T(i)_m / D(i)_u) - \left(\frac{A_m}{A_u} \right) \right] \quad (2-6)$$

式中，$D(i)_m$ 为地块 i 对可开发 m 地块的密度 $= T(i)_m / A_m$；$D(i)_u$ 为地块 i 对可开发的分析单位（UA）的密度 $= T(i)_u / A_u$；A_m 为空间单位栅格 m 中的可开发用地的总数；A_u 为分析单位（UA）中的可开发用地的总数。[55]

（6）2002 年，Nguyen xuan Thijh 等提出一种依靠 GIS 光栅分析的万有引力模型。将按一定大小划分的网格板盖在城市地图上，数出所覆盖的网格总数 N，对每对光栅单元 i 和 j 相对应的封闭区域 $Z_i Z_j$，两者之间的引力用万有引力模型来表示：

$$A(i, j) = \frac{1}{c} \cdot \frac{Z_i Z_j}{d^2(i, j)} \quad (2-7)$$

式中，$d(i, j)$ 为光栅单元 i 和 j 的几何距离，c 为常数。

万有引力矩阵由以下公式来反映：

$$T = \sum A(i, j) / \left[\frac{N(N-1)}{2} \right] \quad (2-8)$$

式中，T 值为城市组群之间空间作用的平均值[55]。

（7）2005 年，Yu-Hsin Tsai 在都市区层面提出空间形态的定量分析方法，介绍了都市区规模、密度、不均衡程度、中心性和连续性等指标内容。

2.3.2　国内城市形态定量分析

早期国内关于城市形态的定量分析往往侧重于对某个单一指标的描述，缺少成系统的、科学的方法框架。王建国（1994）提出了基地分析、心智地图、标志性节点空间分析、序列视景分析、空间注记分析、空间分析辅助技术、电脑分析技术等 7 种城市空间形态分析方法[56]。陈秉钊在《城市规划系统工程学》（1996）中提出对城市空间进行测度的探讨。陈勇在《城市空间评价方法初探》（1997）中借助定量分析手段确立空间质量评价的指标体系和计算方法，并选取重庆南开步行商业街作为实际案例进行论证研究。林炳耀（1998）以二维平面形态测定方法进行了归纳，认为解决城市空间形态计量问题的思路有 4 种——特征值法、数理统计方法、自相似理论和技术、模糊数学方法和突变论，由此总结了形状率、圆形率、紧凑度、椭圆率指数、放射状指数、伸延率、标准面积指数、城市布局分散系数、城市布局紧凑度等城市空间形态计量指标[57]。

20 世纪以后，计算机技术不断革新和进步，国内学者开始结合先进的空间分析技术手段对具体城市展开了研究。相秉军（2000）在描述苏州古城的空间形态特征时，采用林奇（Kevin Lynch）在《城市意象》中所归纳的城市形象五大元素进行评价。王生荣（2007）通过建立一系列指标体系从城市结构、形态、发展效益 3 个方面对兰州城市空间进行了评价。储金龙在著作《城市空间形态定量分析研究》（2007）中以合肥为实证案例，建立了基于 ArcGIS 操作平台的城市形态定量分析方法框架，从外部空间形态、内部用地组成上总结了形态演变特征和机制，最终提出可持续城市空间形态的理想模式和调整策略。王伟（2007）以济南市作为案例，将历年的空间形态信息抽象解释为不规则几何图形，分析城市形态的时空演化特征。王厚军（2008）、王桂芹（2009）、王德利（2013）、王亮（2016）等人利用遥感影像资料和 ArcGIS 的空间数据分析能力，分别研究了沈阳、湘潭、北京在空间形态扩展过程中的速率、强度、方位特征和紧凑程度，在分析思考其背后的动力机制，提出空间形态优化的规划建议和实施对策。

分形理论为城市形态研究提供了另一种思路。姜世国和周一星基于 1984、1999 年的遥感图像，根据分形理论分析了北京城市形态的分形集聚特征。陈彦光（2006）研究了城市形态的空间特性。赵辉（2007）用几何测度关系研究了沈阳城市形态与空间结构的分形特征，揭示了沈阳市在不同历史时期的空间扩展方式。针对黄土丘陵沟壑区城市形态特征，田达睿等（2017）借助分形理论与测度方法，对米脂研究区提出的不同城乡空间构型比较计算分维数据与分形图示，揭示城乡用地形态与分维特征的关系，并提出其城乡空间发展的适宜形态[58]。

近年来，虽然国外研究对集中和分散两种城市形态的优劣还存在争论，但多数国内学者认为紧凑是实现低碳发展、减少城市土地占用和交通需求的假设前提，是中国城市形态可持续发展的必然选择[33]。一些学者对大城市外部空间紧凑度和功能空间紧凑度进行定量的测度分析，并希望通过提倡密集及邻里的开发模式控制城市蔓延、提升混合土地使用、引导低碳出行[59]。

2.4　本章小结

纵观我国城市形态相关理论与实践的发展，对城市形态传统理论和国外先进理论的研究提升了我国城市规划的整体水准，一些实际应用与探索在一定程度上取得了成功，但是还存在一定的问题。

（1）城市形态研究借鉴国外的多，借鉴其他学科的多，还没有形成属于城市规划自身的、具有地域乃至中国特色的城市规划理论与方法。尤其是在愈发强调生态文明、底线思维以及高质量发展等理念的国土空间规划新背景下，尽管当前已有关于城市形态基础认知、理论模式与规划策略的有益探讨，但尚缺乏具有明确指导价值的理论与方法研究，未从区域视角及系统层面清晰、客观地描述新时期城市形态与生态本底有机融合的内在逻辑与导控路径。因此，立足于新发展理念，结合研究地域特征探索引导城市空间与自然本地协调共生、有机生长的适宜性城市形态理论和方法，是本书研究的关键所在。

（2）目前的研究与规划实践对象大多以平原城市为主，集中在东南沿海经济较为发达、生态环境优良的地区，对于西部，尤其是生态环境脆弱的黄土丘陵沟壑城市很少涉及。而西北地区的"区情"，决定了其城市发展及规划势必与东部发达地区有所不同。因此，通过理论研究与规划实践，探索适宜于黄土丘陵沟壑地貌的城市空间形态，显得极为迫切和必要。

（3）研究视角触及的范围比较广泛，涵盖了城市外部和内部形态的多个层面，但是内容大多数停留在表面问题研究上，有深度的研究尚不多见。在既有研究中，一些学者注重对历史空间形态的事实研究，另一些学者提出了乌托邦式、很难应用于城市实际的理想城市形态构想。本书则更加针对城市规划编制与实施的可操作性，侧重结合历史形态的发展规律与实际发展条件，对未来可能的、具有持续性、适宜性的空间形态进行思考。

（4）在研究方法上，既有研究注重对各地城市的具体实践研究，较多仍然停留在定性描述阶段，分析研究方法和计量方法尚显不足，尤其是基于时间序列的城市形态计量方法，在城市形态发展和调整优化策略上还未有令人信服的阐述和判断。针对黄土沟壑丘陵区的小城市，研究往往对于城市形态的发展方向缺少理性的定量分析，对于规划优化途径欠缺科学的技术手段。因此，本书将借鉴既有学者关于城市形态的计量分析方法，对子长城区空间形态的优化展开研究。

第 3 章

黄土丘陵沟壑区小城市发展基本概况
——以子长城区为例

城市的产生、发展和建设都受到社会、经济、文化科技等多方面因素的影响；城市是一个开放的复杂巨系统，它在一定的系统环境中生存与发展，城市是构成一个地理的、经济的、社会的、文化的和政治的区域单位的一部分，城市依赖这些单位发展；经济、社会的发展是城市发展的基础，研究城市的空间形态发展必须研究城市的社会、经济发展，以城市社会、经济、文化、科技发展确立城市形态发展目标。

因此，城市形态并不是单一存在的一种空间形式，而是区域政策环境、人口与经济发展作用下的实体空间反映。就黄土丘陵沟壑区小城市而言，除了自然环境本底条件外，不论是社会、经济、文化生活等都将是空间形态扩展的重要基础。因此城区空间形态研究不能局限于自身，而应整体考虑全市的社会经济状况以及发展问题。而黄土丘陵沟壑区小城市空间形态的生长规律、问题特征也是社会经济发展条件及与脆弱生态环境和特殊地貌矛盾运动的结果。从长远历史看，社会经济的稳步发展及资源环境的有限需求使这一区域人居环境整体空间格局与自然地貌呈现出形态上平衡稳态，并凝练出了特色的人地和谐景观。基于黄土丘陵沟壑区丰富的煤炭、石油、天然气和岩盐等资源的开发利用，21 世纪伊始，石油、天然气、煤炭等能源重化工业以及红色旅游业的发展，推动了陕北社会经济的发展。以陕北地区为例，有关数据表明 2000 年至今 20 多年来，地区生产总值、工业总产值分别增长了 32 倍、52 倍，而城镇化率提升了近 30 个百分点。社会经济全面发展的同时也推进了这一区域快速城镇化进程，但随着农村人口向城镇的汇聚以及城镇建设用的粗放扩张，城镇生态压力也不断加重，特别是城镇空间的轴向被动扩张对本就稀缺的河谷川地的不断吞噬，造成了严重的发展与保育间的矛盾。随着区域政策带来的新发展机遇，若延续这种与自然对立且运作低效的城市空间扩展模式，生态环境保护与城市空间发展之间的矛盾将愈发突出。

地处黄土丘陵沟壑区的子长市（原子长县）位于陕北中部，是延安市规划的北部副中心城市，有"红都"和"将军县"之称，基于以煤炭、石油、天然气开发为主的工业体系，是陕北地区重要的能源接续地和支撑点。2019年7月国务院批准子长县撤县设市，一方面映射了子长市这类小城市的快速发展趋势；另一方面，也将进一步推动其充分发挥旅游资源优势、推进社会经济发展、完善城市服务功能与基础设施配建，对城市空间发展提出了新的诉求，将导致地域环境制约下城市形态生长与生态本底的矛盾进一步激化，因而亟需寻求适宜的城市形态，寻求人为空间与自然空间、建设用地与非建设用地的协调演变与可持续发展。因此，本书选取在城市形态发展上机遇与挑战并存的子长市为黄土丘陵沟壑区小城市典型实证案例，首先从社会经济状况出发，分析其空间形态特征及其存在的问题，并探讨未来发展的优势条件，为后续城市形态模式的预测研究提供基础。

3.1 子长市社会经济现状

3.1.1 区位概况

子长市位于黄土高原中部、陕西省北部居中，北依横山山脉南麓，南临永坪川，居延安市北部清涧河上游。市境东部与清涧县、子洲县两县接，南部与延川县、宝塔区毗邻，西部与安塞区、靖边县相连。全市东西最长72km，南北最宽处55.7km，地势由西北向东南倾斜，海拔930～1562m，土地总面积2405km²，设8镇1个街道办事处。城区沿210国道至清涧城区49km，至延川县永坪镇25km，至延安市93km，沿205省道至安塞区政府所在地68km，至西安430km。子长市位于陕西省发展格局中的"沿包茂高速城镇带"，处于国家限制开发区域（重点生态功能区），是陕西5000万t油气当量产能基地的重要组成部分（图3-1）。

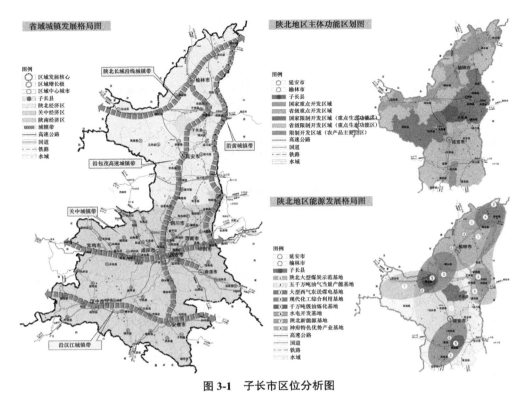

图 3-1　子长市区位分析图

图片来源：西安建大城市规划设计研究院，《子长县城市总体规划（2014—2030）》

3.1.2　人口特征

2020 年子长市拥有人口 27.3 万人，城镇化率近 60%，其中城区居住人口 11.5 万人。子长市总人口规模较大，在延安市各区县中排名第二，是人口大"县"（县级市）。

子长市人口一直保持低速增长趋势。自然增长率稳定在 5‰ 左右。机械增长率变化浮动不大，多数年份为正值。2000～2020 年市域人口综合增长率为 8.5‰，年均增长人口 0.20 万人[46]。

如图 3-2 所示，依据第五次人口普查与第六次人口普查相关数据，子长市人口流动性较强，2000 年外出半年以上的人口占市域户籍人口的比例为 21%，2010 年外出半年以上的人口占市域户籍人口的比例为 44%[46]。

由于城区的辐射能力和能够提供的就业岗位有限，子长市的外出人口主要迁往市域以外，占到了总流动人口的一半以上。如图 3-3 所示，2000 年外出半年以上人口在市内流动的 22553 人，占 47%；流向市外 25302 人，占 53%。2010 年外出半年以上人口在市内流动的 50860 人，占 43%；流向市外 67909 人，占 57%[46]。

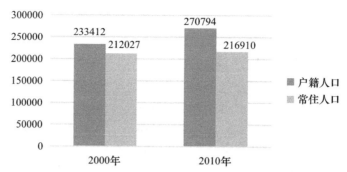

图 3-2   子长市 2000 年、2010 年户籍人口与常住人口图
图片来源：西安建大城市规划设计研究院，《子长县城市总体规划（2014-2030）》

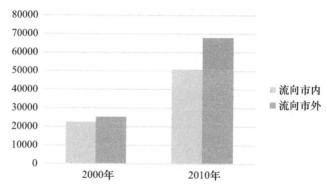

图 3-3   子长市 2000 年、2010 年外出人口流动分布图
图片来源：西安建大城市规划设计研究院，《子长县城市总体规划（2014-2030）》

如图 3-4 所示，市域内的人口主要向城区聚集，并且人数不断上升。2000 年市内流动人口 22553 人，流向瓦窑堡的人口 15061 人，占 67%；流向其他城镇的人口 7492 人，占 33%；2010 年市内流动人口 50860 人，流向瓦窑堡的人口 41427 人，占 81%；流向其他城镇的人口 9433 人，占 19%[46]。

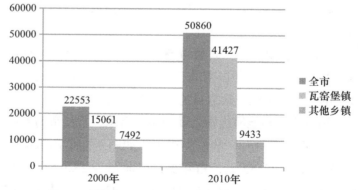

图 3-4   子长市 2000 年、2010 年市内流动人口分布图
图片来源：西安建大城市规划设计研究院，《子长县城市总体规划（2014-2030）》

3.1.3 经济状况

城市空间的扩展与重组是一项大规模的经济活动，经济活动又需要财政力量作为经济基础。在经济较为发达的城市，政府将大量资金用于市政基础设施建设和新区开发建设，增强了城市的吸引力，从而促进了城市进一步的发展。经济发展的水平是决定城市空间扩展与重组的决定性因素。因此，研究子长市城市形态应当首先明确子长经济发展的现状与基础。

2020年，子长市实现生产总值100.01亿元，是"十二五"末，即2015年的1.31倍，年均增长5.67%；人均GDP达到44338元，是"十二五"末的1.3倍，年均增长5.36%；社会消费品零售总额达到20.93亿元，是"十二五"末的1.33倍，年均增长6.32%；全社会固定资产投资完成59.86亿元，增长17.7%，扭转了近四年来连年负增长的被动局面；完成地方财政收入6.01亿元，是"十二五"末的1.34倍，年均增长6.02%；城镇居民人均可支配收入36792元，年均增长7.21%；农村居民人均可支配收入11928元，年均增长8.9%。2018年荣获"陕西省县域经济社会发展争先进位奖"。如表3-1所示，除社会消费品零售总额、农村居民人均可支配收入和城镇居民人均可支配收入基本呈逐年上升之势以外，其他各项主要经济指标均存在波动。生产总值在2011～2020年变化较大，自2013年达到最大值后逐年下降，直至2016年后缓慢上升。历年固定资产投资总体上升，但在2016年有所下降。地方财政收入一直处于下降态势，直至2016年趋势有所减缓并逐年下降。与以往相比，子长市社会经济发展可能继续面临下行压力，经济的可持续发展和社会稳定受到严峻挑战。

子长市历年社会经济发展统计表　　　　　　表3-1

年份	生产总值	固定资产投资	社会消费品零售总额	地方财政收入	农村居民人均可支配收入	城镇居民人均可支配收入
2020	100.01 亿元	59.86 亿元	20.93 亿元	6.01 亿元	11928 元	36792 元
2019	111.07 亿元	50.85 亿元	22.59 亿元	7.09 亿元	11080 元	35223 元
2018	114.58 亿元	63.94 亿元	20.71 亿元	6.50 亿元	10062 元	32592 元
2017	102.09 亿元	81.14 亿元	18.81 亿元	5.01 亿元	10635 元	33221 元
2016	74.97 亿元	110.19 亿元	17.06 亿元	3.94 亿元	—	—
2015	74.50 亿元	122.1 亿元	15.40 亿元	4.48 亿元	—	—
2014	79.75 亿元	116.13 亿元	12.3 亿元	6.6 亿元	9527 元	32717 元
2013	81.61 亿元	98.02 亿元	11.01 亿元	7.01 亿元	8357 元	29395 元
2012	74.56 亿元	76.4 亿元	9.7 亿元	6.4 亿元	7357 元	26387 元
2011	69.7 亿元	—	8.91 亿元	9.27 亿元	5858 元	21800 元

资料来源：作者自绘

子长市的三次产业结构由 2011 年的 10：70：20 调整为 2020 年的 8：57：35，第三产业增加值占 GDP 百分比达到 30.4%，说明目前正处于从进入工业化中期阶段向后期阶段转变的过程。但是工业仅仅集中在煤炭、油气资源开采的上游阶段，缺乏后续加工转化产业，产业链短，吸纳就业少[46]。经济增长方式仍然较为粗放，油煤产业对全市经济增长和财政收入的贡献率达 80% 以上。受近年来国际油价和国内煤炭价格下跌的影响，以石油、煤炭开采为主的经济发展模式受到巨大冲击，煤油工业支撑动力减弱。经济结构单一所带来的问题日益突出，因此传统产业的提质增效以及新经济增长点的挖掘培育迫在眉睫（表 3-2）。

工业化各阶段判断指标体系表　　　　　　　表 3-2

指标	工业化各阶段指标体系				子长市
	初期	中期	后期	后工业化时期	
人均 GDP（美元）	1240～2480	2480～4960	4960～9300	9300～14880	5659
轻重工业比重	轻工业主导	重工业主导	轻重工业相对稳定	服务业主导	重工业主导
主导制造业类型	I	II	III	III	II
第三产业增加值占 GDP 百分比	10%～25%	30%～60%	上升	—	30.4%

资料来源：作者自绘

3.1.4　小结

通过分析子长市社会经济的现状特征，发现全市整体经济发展水平较为平缓，产业发展较为滞后。尽管人口向城镇转移的潜力巨大，但是落后的城市建设制约了工业化与城镇化进程，城市发展速度与实际容纳能力远远低于现实发展需要。因此，当务之急是加强子长城市建设以解决空间发展问题。

3.2　子长城区空间形态问题

子长城区位于秀延河以及南河交汇处所产生的带状沟壑区内（图 3-5）。现有 205 省道、子靖公路、子安公路、神木到延安的铁路从城区穿过。城区周边有赵家沟、魏家岔、好坪沟等工业园区支持产业发展，以西 15km 处为安定镇，是集边塞文化、宗教文化和黄土风情文化为一体的陕西文化旅游名镇。在上版总体规划的指导下，子长城区在东西走向的秀延河、南北走向的南河两岸形成了以安定路和中山街为骨架的"T"字形空间结构[46]。秀延河南侧为老城区，在南河西岸沿中山街带状展开。北侧为城市新区，在秀延河两岸以安定路为主要轴线朝东朝西发展。工业和仓储片区主要集中在老城区西南侧的瓷窑村，以及城市新区东部的火车站。受限于区域自然条件和脆弱的生态环境，子长城区的空间发展遭遇严重的用地限制瓶颈，但若采用"上山入川"的空间扩展措施则会导致坡、沟、梁等生态敏感度极高的地区受到城市建成区硬质人工下垫面的包裹，土壤涵养水分能力下降，更易导致山体滑坡、泥石流等地质灾害，继而威胁城镇安全。因此城区空间发展只能在山谷间沿河道两侧的狭长地域内带状展开，并由此带来了诸多问题。

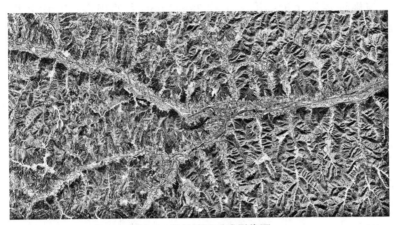

图3-5　子长城区遥感影像图

图片来源：网络

3.2.1　空间不断扩张，加剧功能结构失衡

与经典带形城市中各类功能组团的平行布局模式不同，子长市城区受区域资源特点影响，生产、生活、商业、服务设施等功能单元在一定范围内沿横向主干道独立组团式分布。随着城市功能的不断增加，建设用地不断轴向拓展，布局的均衡性、合理性已经难以为继，见图3-6。

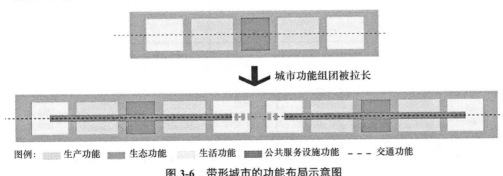

图例：▨生产功能　▨生态功能　▨生活功能　▨公共服务设施功能　- - -交通功能

图3-6　带形城市的功能布局示意图

图片来源：作者自绘

随着城区空间不断地轴向拓展，基础设施压力与经济发展水平对城市建设的制约越来越明显。子长市作为小城镇，政府的投资能力与大中城市有着较大的差

距，无法克服狭长地形对基础设施投入的压力。因此，城区在建设过程中无法依靠中心区的优势来实现有条不紊的空间扩展，反而由于设施建设跟不上用地持续扩张的步伐而加剧城市功能结构不合理。如表 3-3、表 3-4 所示，2003 年、2014 年子长城区人均建设用地分别为 61.62m²/人和 77.23m²/人，与《城市用地分类与规划建设用地标准》中的规定相比明显偏低，说明城区建设用地十分紧张，对土地资源集约利用的要求较为迫切。同时，2014 年人均居住用地面积远远高于《城市用地分类与规划建设用地标准》中的 28～38m²/人的规定，人均公共管理与公共服务设施用地、人均城市道路用地明显低于标准，人均绿地与广场面积大大低于标准下限的 10m²/人。子长城区用地结构的失衡说明城市功能结构不合理，城市建设水准较低。

子长城区 2003 年、2014 年建设用地变化一览表 表 3-3

年份	城市建设用地面积（ha）	人均城市建设用地面积（m²）	占城市建设用地比例（%）			人均单项建设用地面积（m²/人）		
			居住用地	工业用地	绿地与广场用地	居住用地	工业用地	绿地与广场用地
规范要求	—	75～105	25～40	15～30	10～15	28～38	—	＞10
2003 年	445.2	61.62	66.7	5	—	41.15	3.35	—
2014 年	779.26	77.23	67.25	4.42	3.12	51.94	3.42	2.41

资料来源：作者自绘

子长城区 2014 年建设用地平衡表 表 3-4

用地代码	用地名称	面积（ha）	占城市建设用地比例（%）		人均建设用地面积（m²/人）	
			现状	规范值	现状	规范值
R	居住用地	524.05	67.25	25～40	51.94	28～38
A	公共管理与公共服务设施用地	37.30	4.79	5～8	3.42	≥5.5
B	商业服务业设施用地	52.58	6.75	—	5.21	—
M	工业用地	34.48	4.42	15～30	3.42	—
W	物流仓储用地	0.00	0.00	—	0.00	—
S	道路与交通设施用地	92.14	11.82	10～30	9.13	≥12
	其中：城市道路用地	76.30	9.79	—	7.60	≥11
U	公用设施用地	14.36	1.84	—	1.42	—
G	绿地与广场用地	24.35	3.12	10～15	2.41	≥10
H11	城市建设用地	779.26	100.00	—	77.23	75～105

资料来源：西安建大城市规划设计研究院，《子长县城市总体规划（2014-2030）》

3.2.2 过度轴向发展，导致交通问题严峻

交通畅通是带形城市得以高效运转的基本前提，而子长城区的交通问题比一般城市更为突出。城区功能组团之间的交通联系仅仅依靠一至两条平行于河谷方向的主干路来承担，支路建设相对滞后，交通拥堵无法避免。加上205省道和神延铁路穿城而过，过境交通与城市内部交通混淆，生活性功能与交通性功能相互干扰。

子长城区区道路总长约16km，面积76.29ha，人均道路面积7.56m²/人，低于《城市用地分类与规划建设用地标准》中10m²/人的规定。道路网密度方面，《城市道路交通规划设计规范》中对道路网指标提出了控制要求，5万人以上的小城市干路网密度为3~4km/km²，支路网密度为3~5km/km²。城区干路总长约为16km，干路路网密度仅为2.1km/km²，明显低于规范中对小城市干路网密度的规定。随着城区机动车拥有量的逐年递增，这一问题将越来越为突出。结合GIS软件分析城区内各位置至任意位置的交通便捷程度，以获得基于最小阻抗的可达性分布图（图3-7），颜色由浅至深表示到达每个路口所需时间（分钟）由短至长。通过比较各个路口的可达性，发现研究区域中部的可达性较高，但是只有两条联系道路各自向东西和南北两个方向延伸，因此外围区域相对孤立，可达性较低。综上所述，纵向延伸的空间形态对子长城区的道路交通影响突出，城区整体通达能力低下。

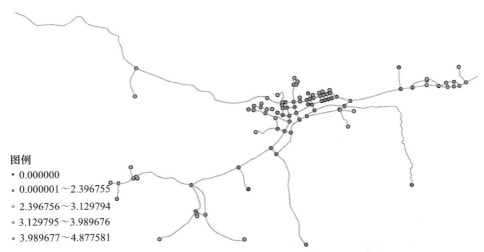

图例
· 0.000000
· 0.000001~2.396755
· 2.396756~3.129794
· 3.129795~3.989676
· 3.989677~4.877581

图 3-7　基于最小阻抗的子长城区可达性分布图

图片来源：作者自绘

3.2.3 联系距离增加，设施服务能力下降

随着空间距离的增加，子长城区的外围组团到达城市中心的绝对距离加大，

轴向各组团间的空间联系成本提高。公共管理与公共服务设施用地在指标控制上明显低于规范要求，面积仅为 37.3ha，人均 3.7m²/人，低于《城市用地分类与规划建设用地标准》GB 50137—2011 中 5.5m²/人的规定。狭长的空间形态使城区公共服务设施系统拉长和分散，造成布局不合理、服务范围不足，导致建设耗资大和低效使用。

公共设施在空间分布上也有所欠缺。一般来说，同等用地规模的团块状城市边缘离中心区的最远距离在 2km 以内。而子长城区的空间距离受带状形态的影响而大幅增加，西侧已扩展至离中心区 3.5km，东侧至离中心区 4.5km，超出团块状城市一倍以上。商业、文化、体育等大部分公共设施都集中在中心区，空间分布很不均衡。

选取中小学作为公共服务设施的典型代表，结合现行规范对教育设施服务半径的规定，基于 GIS 平台在现状路网上按照交通距离模拟中小学在服务半径内可以覆盖的区域。如图 3-8 所示，浅色点表示为中学，深色点表示为小学。从其服务覆盖情况来看，中心区域的覆盖范围超过了规范规定的 500m 和 1000m，但是距离没有超过 800m 和 2000m，说明在中心区域中小学的服务水平一般。但是在外围沿东西与南北方向延伸的区域，中小学的服务范围明显不足。

由此看出，狭长的空间形态导致子长城区公共服务设施系统被拉长和分散化。在长达 8km 的带状建成区域内，公共设施总量较少，且布局失衡，服务范围有限、水平较低，难以满足居民的使用需求和发挥设施的自身效益。

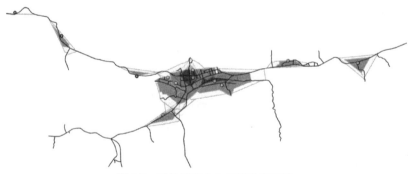

图 3-8　子长城区中小学覆盖情况图

图片来源：作者自绘

3.2.4　形状狭长破碎，致使景观呆板无序

子长城区的空间发展没有考虑对山体、河流等生态因素的联系和利用，城市与周边自然环境被道路和地形完全分隔，人工与自然没有形成良好的协调关系，布局单调乏味、空间特色欠缺。受地形地貌与用地条件的限制，城区沿河谷发展，沿河谷的平坦地最宽处仅为 600m。狭长的空间限定了城区中所有的城市建

设活动和居民的日常行为，空间走向和边界过于明确、单一，直接影响了居民的空间感受与行为方式。

空间句法理论认为，城市中的空间是相互关联的，组成了整个城市的空间布局，即基于拓扑结构的空间构型[60]。这一构型是以变量指标来分析由节点间的连接关系组成的空间结构系统，是人们认知与理解城市整体的关键。结合空间句法理论的结构性分析，研究当前子长城区狭长带状形态下的空间感知情况。具体操作上，利用 Depth map 软件得出轴线分析图，并以暖色到冷色调来表示空间线段的各项特征指数。其中全局整合度反映了某一轴线与其他轴线的集聚与离散的程度，体现轴线在整体构型中的可达性与渗透性。全局整合度高的轴线具有较强的中心性优势。连接度表示了某节点与其他节点连接的个数，反映了空间构型的拓扑结构。可理解度是连接度和整合度的相关值，表示空间系统局部（连接度）和整体（整合度）的感知是否具有一致性，反映了城市空间的可识别性[60]。如图 3-9 所示，子长城区的全局整合度普遍较小，并且由于轴线在东西两个方向延伸过长，其末端整合度较低，较难接受单核中心的全面辐射，因而中心区的空间感知度自内向外逐渐减弱，轴线末端的内聚力十分薄弱。如图 3-10 所示，既不存在高连接度和高整合度的轴线，也不存在低连接度和低整合度的轴线，因此连接度与全局整合度的相关性不突出，说明城区空间的可理解度欠佳，人们在其中难以形成清晰的形态认知。

此外，河流、高压线、西气东输管线以及铁路线无序地穿越城区，使得原本的带形空间面临更为狭长、破碎而不确定的状况。各种线性要素随机、任意地交织在一起，将建成区域割裂成更为细长零碎的小组团。这种分割不但没有克服狭长形态造成的景观单调问题，反而显得零乱无序，严重破坏了城市形态的完整性。

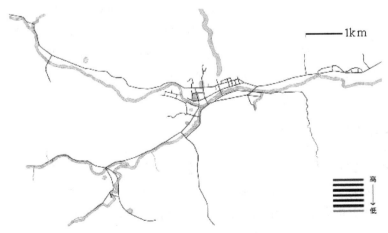

图3-9　子长城区全局整合度图

图片来源：作者自绘

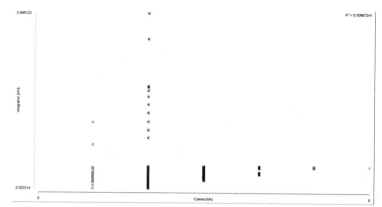

图 3-10   子长城区各条轴线的连接度（X）和全局整合度（Y）的相关散点图

图片来源：作者自绘

3.3   子长城区空间形态发展需求

近年来，国家出台了一系列政策和规划，不论《中共中央关于全面深化改革若干重大问题的决定》《国家新型城镇化规划（2014—2020）》还是中央城市工作会议，都明确提出了加快转变城市发展方式，优化城市空间形态，增强城市经济、基础设施、公共服务和资源环境对人口的承载能力等要求，同时也提出要加快对西部城市发展的积极培育。2016 年国务院又批复了川陕革命老区振兴发展规划，通过采取特殊扶持政策，支持川陕革命老区加快振兴发展，推进西部大开发，缩小区域差距，带动扩大内需、调整结构[61]。近期随着《2020 年国务院政府工作报告》提出的"两新一重"、《2020 年新型城镇化建设和城乡融合发展重点任务》《国家发展改革委关于加快开展县城城镇化补短板强弱项工作的通知》及国家"十四五"规划等的出台，进一步明确了我国加强新型城镇化建设，着力提升县城公共设施、服务水平与农村人口就近城镇化的支撑能力，满足高质量城市生活需求。这意味着子长市在未来不仅具有较大的发展潜力，也面临着优化提质发展的新挑战，然而这些发展契机在带动城市空间不断扩张的同时，也使得原本带状形态带来的问题变得更为突出。

3.3.1   区域战略地位突出

随着新一轮西部大开发战略的实施、国家新型城镇化建设的推进、社会主义生态文明建设以及陕甘宁革命老区振兴规划的提出，黄土丘陵沟壑区小城镇的生态环境面貌和经济发展条件带来极大影响，子长市在面临良好区域政策环境的同时即将迎来前所未有的发展机遇。

在延安市域城镇体系中，子长市位于市域城镇空间结构的发展主轴上，被定位为延安市域北部的副中心城市，具有旅游、工业以及商贸职能（图 3-11）。作为市域经济增长的极核与龙头，子长撤县设市，起到了带动延安北翼地区发展的作用。根据延安市总体规划，子长市位于市域东部能源化工区，将借助煤炭、石油、岩盐资源，重点发展煤化工、石油化工、盐化工等能源化工产业。随着延安市红色旅游战略的实施，子长市作为延安乃至陕西北部重要的旅游节点城市，将建立二级旅游服务中心，凭借休闲度假、商务会议等服务功能辐射延安市北部地区与周边县市，构建起新的经济增长点。因此，未来子长市将与延安、榆林等大中型城市形成互补发展。既可以成为延安市区旅游业的补充，也可以作为榆林市化工企业的合作伙伴，通过相互协作共同发展。

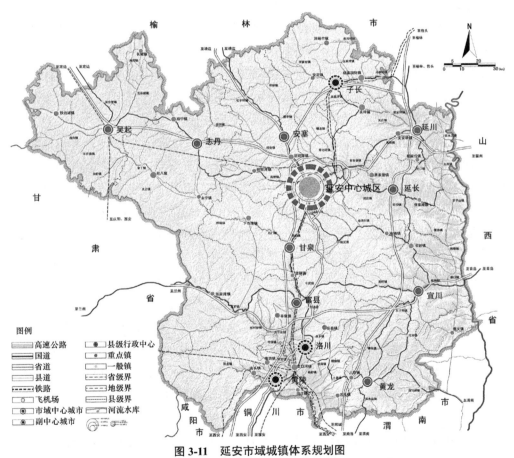

图 3-11 延安市域城镇体系规划图

图片来源：延安市城乡规划局关于《延安市城市总体规划（2011-2030）》的公示

子长市 2020 年市域总人口 27.3 万人，占到延安市域总人口的 11.4%，城区人口从 2003 年的 7.2 万人增加到 2014 年的 11.5 万人。无论是市域还是城区人口，都在整个延安市域中排名第二。目前子长市的城镇化水平已经达到近 60%。依据全国、陕西省、陕北地区以及延安市相关规划，子长市内的各城镇将成为吸纳农业人口、促进农业人口就近城镇化的重要载体，远期城镇化水平将达到70%。在上位规划的指引和人口转移潜力的带动下，子长城区会进一步增强集聚和吸引能力，起到带动周边城区和乡镇发展的作用。

3.3.2 自身资源优势明显

子长市是陕北能源重化工基地的组成部分，境内矿产资源丰富，主要有煤炭、石油、铁矿石等10余种。煤炭地质储量28.9亿t，探明15亿t，居延安市之首；石油储量8095万t；铁矿石储量64.8万t；天然气储量1000亿m³；岩盐储量2000亿t。基于此，子长市初步形成了以煤炭、石油开发为主导的工业体系。2003年列为全省煤化工基地县，煤种为全国稀有的44-45号气煤，具有特低灰、特低硫、低磷、高挥发份、高发热量、高黏指数等特点，被有关专家称为"天然化工精煤"。全市确立了"整合资源、市场化运作探矿权、发展煤化工"的煤炭发展思路，其中煤化工工业园区被省政府列为重点支持的100个县级工业园区之一。未来子长市将依托现有煤化工发展模式，积极延伸产业链，以工业化发展加快市域新型城镇化进程，从而有力推动城区空间扩展。

作为延安市的农业大"县"，子长市基本呈现出以养牛、养猪为主的草畜业蓬勃发展，以棚栽、果桑、薯业为补充的多元化产业格局。近年来，已经建成西北地区最大的薯类良繁基地、20个规模化养殖场，形成了较完善的畜种改良、饲草饲料加工和畜禽疫病防治服务体系。子长市被命名为全国首家"中国洋芋之乡"和"中国绿色马铃薯示范县"；水果种植面积19.64万亩，总产达2.4万t，被列为陕西省优质苹果基地县；蔬菜种植品种达22类69种，总产11.5万t；优质桑园发展到5.7万亩，年养蚕能力达1万张。中药材种植面积突破3.5万亩，其中自主研发的"秦蓖2003蓖麻杂交种"获省级产品专利[62]。

子长市拥有众多的文物古迹和独特的风土人情，人文资源和文化底蕴十分浓厚，是全国一百个红色旅游经典景区之一（表3-5）。作为民族英雄谢子长的故乡、中央红军万里长征的落脚点和抗日东征的出发地、土地革命后期中共中央和中华苏维埃政府所在地，新中国成立后被定为革命老根据地之一，它素有"红都"和"将军县"之美誉，先后有9名子长籍军人被授予少将以上军衔。瓦窑堡会议旧址是党中央于1935年12月17日至25日召开的政治局扩大会议会址，该会议是中国革命历史上的著名会议，通过了《关于目前政治形势与党的任务决议》和《关于军事战略问题的决议》，决定了建立抗日民族统一战线的政治策略，中共党校、西北抗日红军大学先后在此创办。子长烈士纪念馆是1946年中共中央和陕甘宁边区政府为纪念谢子长烈士所建，有纪念堂、陵墓以及毛泽东等领导同志的题词[63]。安定镇的钟山石窟始建于晋朝，内有上万尊立体的彩绘石刻佛像，被中外专家学者誉为"第二个敦煌"，具有极高的历史、科学、艺术价值。

子长市历史人文资源分类表　　　　　表3-5

大类	中类	小类
现代文物	革命斗争旧址	瓦窑堡会议旧址，西北抗日红军大学旧址
	中央领导人故居	毛泽东故居，周恩来故居，刘少奇故居，张闻天故居
	革命烈士陵墓	子长烈士纪念馆，子长烈士公墓
古遗址	古生物化石遗址	猛犸象牙化石遗址，兔儿河鱼化石遗址，驮儿巷鱼化石遗址
	古城堡遗址	阳周故城遗址，丹头故城遗址，安定古城遗址，李家塔遗址
石窟	石窟	钟山石窟群，张家岔石窟，魏家岔石窟，马石寺石窟
古建筑	古建筑	刘志诚孝行坊，李应榜行孝坊
民俗风情	饮食	煎饼，凉粉，案糕等
	剪纸	剪纸
	子长唢呐	子长唢呐
	子长道情	子长道情

资料来源：作者自绘

子长市现有的205省道、子靖公路、子安公路和神延铁路是对外交通联系的主要通道。未来将继续发挥神延铁路的运输优势，以清安（清涧－安塞）高速公路建设为依托，推动延安市井字形高速公路网格局的形成，同时在205省道的基础上，完善优化市域"两横三纵四环线"的公路交通网络。通过区域衔接的交通战略，构建起一个网络完整、枢纽齐全、高效便捷的现代化综合交通体系，从而实现与周边地区的对接与融合。

3.3.3　城区建设迎来新机遇

围绕延安北部副中心城市的发展目标，立足区位优势、资源禀赋、政治知名度和综合发展潜力，重点将子长市打造成为延安市城乡发展一体化先行区、革命历史文化传播基地和现代农业示范基地。同时，积极加快新型城镇化进程，致力于建成陕北能源工业强"县"、陕西特色农业富"县"、陕北绿色生态名"县"、陕北文化旅游大"县"。

未来子长市着重于调整优化产业结构，以能源化工园区（首批由省政府批复）为示范，兼顾发展煤盐气综合利用精细化工循环经济园区和农牧产品加工产业园区，同时依靠文化旅游资源，培育以红色人文旅游为龙头的第三产业，加速旅游景点的建设步伐。根据《陕西省主体功能区规划》和《新型城镇化规划》，结合子长市自然地理状况、资源分布情况和交通基础设施条件等综合特征，积极构建"一个中心、一线两翼、多个园区"的新型城镇空间布局。根据子长城镇体系规划，城区位于"一心、三副、一带、多点"的空间分布格局中的核心位置，是市域人口与产业集聚的一级中心。作为以旅游商贸和居住功能为主的黄土高原宜居城市，子长城区将依托周边工业园区，以完善的生活配套吸引产业人口集聚，同时凭借城内的多处人文资源，发展商贸服务业和文化旅游产业，为人口集聚提供产业基础，进而完善城市功能，提高基础设施水平，发挥辐射、带动、服务全市城乡发展。

按照市域商贸服务中心、经济文化中心和能源化工产业生活生产服务基地的发展思路与定位，进一步延伸城市空间格局，扩大和提升基础设施的覆盖范围及服务力度，美化城市空间环境，将城区建设成为以旅游商贸和居住功能为主的陕北黄土高原宜居城市、延安北部副中心城市。根据相关规划测算，预期未来城区人口规模将达到 16 万人，建设用地面积达到 1500ha，人均建设用地面积95m²/人。

3.4 黄土丘陵沟壑区带形小城市生长的适宜性形态思考

城市形态不仅是生长是在区域生态环境条件约束下自组织的经济发展和人类活动在地域空间上的投影，也是城市规划等主动干预机制在城市生长前提下动态演绎的过程。因而黄土丘陵沟壑区带形小城市生长过程暴露出一系列城市形态问题，原因尽管有社会经济快速发展、生态环境脆弱、沟壑地貌制约与土地资源稀缺等客观因素，但从城市规划对空间发展的控制引导作用讲，缺乏合理性的城市形态模式与导控路径才是造成城市形态既不适宜城市高效宜居发展需求，也不适宜生态环境保育要求的关键原因所在。因而亟需从理论内涵到方法模式到实践路径，系统构建黄土丘陵沟壑区带形小城市适宜性形态模式，并探索其引导路径，使该地区小城市的社会、经济要素以及自然生态环境协调发展。

3.4.1 适宜性城市形态内涵

从黄土丘陵沟壑区城市形态的"自组织"演变机制来看，受制于脆弱生态环境以及自然地形约束，城市功能与规模发展导向的城市形态生长只能被动地沿河谷方向的狭长地域呈带状展开，这反映了城市作为系统复杂有机体在应对变化时的一种动态协调的本能，在一定规模和尺度下带状延伸是河谷城市空间拓展成本最小化的必然选择。然而自组织终究是一种后知后觉的被动反映，具有天然的滞后性与局部性，因此当带形城市发展一旦突破了一定的规模与尺度，过长的轴向扩张超过了由基础设施、公共服务与区域生态环境支撑的最佳承载能力，就将会面临效益递减的绩效门槛。加之该地区小城市大多处于城市空间外延扩展的阶段，城市空间结构尚未稳定，布局形态演变因生态环境与用地条件限制具有较大的变数，因而必须前瞻性与整体性的规划干预——"他组织"对现状城市形态现状科学评估，对未来客观把握，才能使城市形态发展趋于理性化。然而，在黄土丘陵沟壑区小城市规划和建设过程中，对城市形态的规划干预相当程度上仍然套用一般平原地区城市建设的思路和方法，未能将城市发展与具有地域特殊性的带形河谷城市的特点有机结合，在城市形态中对城市的带形空间特点有所考虑，也往往是一种下意识的行为。其根本原因是在认识上缺乏满足自身动态发展需求并适应区域自然环境本底的地域性城市形态理论，继而在实践上亦缺乏系统综合、科学理性、客观量化地分析城市空间形态生长过程的综合绩效，以及控制与引导城市形态合理生长的方法。这导致黄土丘陵沟壑区小城市的规划和建设具有很大的被动性和盲目性，难以实现有限的土地资源上最大化经济社会环境绩效的可持续发展。因此针对这类小城市发展过程中的被动性及其带来的问题，有机结合无意识的自然生长与有意识的人为干预，通过探索适宜地域特征与发展需求的主动性理论与方法来最大限度地扭转当前的被动局面，显得尤为重要。

　　基于此，本书聚焦于探索黄土丘陵沟壑区带形小城市生长的"适宜性城市形态"。《辞海》对"适宜"的释义为合适，相宜，即同时符合事物的自身实际需要——城市社会经济高效高质量发展的客观需要——和所处客观条件——区域生态环境本底条件。早在1942年，芬兰建筑师伊利尔·沙里宁（Eliel Saarinen）在《城市：它的发展、衰败和未来》中系统阐释了基于生物适应性理论的城市"有机疏散论"（Theory of Organic Decentralization），认为"城市作为一种有机生命体，其内部秩序的形成与发展过程与生命有机体内部秩序与环境相互适应的过程一致"，并提出了"城市的空间结构既要符合人类的聚居天性，又不脱离自然环境影响"的"有机疏散论"。对于城市形态而言，"适宜"即是强调城市这一"有机生命主体"在动态生长过程中主动顺应客观现实环境并不断满足自身发展需求的思维，表现出主体受客观条件的"限制"与主观能动"利用"的双重内涵。对于黄土丘陵沟壑区带形小城市，城市形态的适宜性一方面体现在对地域性区域生态本底的整体演变规律的认识与遵循，另一方面体现在对于城市功能结构高效发展的现实需求的实现，并在城市形态动态生长过程中形成二者的有机融合，进而在保护与协调外部生态环境的基础上提升有限城市建设用地的综合绩效。

3.4.2　适宜性城市形态构建思路

　　基于黄土丘陵沟壑区带形小城市的适宜性形态内涵，结合城市所处的地域自然环境条件与社会经济发展需求，本书从中心城区所在自然生态环境区域和中心城区范围两个层面，构建了包括"区域生态安全格局约束——城市形态生长绩效分析——适宜性城市形态模式构建与优化路径"的研究逻辑。

1. 基于区域生态安全的城市形态约束分析

黄土丘陵沟壑区是我国生态系统最脆弱的地区之一，存在着地形破碎、干旱缺水、植被稀疏、水土流失严重等众多生态环境问题，因而维系区域生态格局完整性是城市社会经济安全稳定和可持续发展的基本保障。此外，生态文明建设与绿色发展导向下，维护生态安全、保护自然环境、缓解生态危机无疑是未来这一区域小城市空间发展的重要议题。然而城市加速增长加土地资源稀缺，将进一步激化城市开发建设与区域自然生态本底的矛盾，继而威胁生态格局完整性甚至城镇自身安全。因此适宜性城市形态首先应立足于区域视角，通过在脆弱生态环境中理性分析寻找适宜城市开发建设的"斑块"，通过合理组织时期自然嵌入城市所处的生态环境本底。基于此，根据黄土丘沟壑区城市生态环境特征及问题选取生态安全因子进行生态敏感性分析，在保障生态敏感区生态格局完整性的前提下选取适宜城镇建设斑块，从而确定生态格局约束形态框架。以此为基础借鉴空间生态性相关的城市形态理论模型探讨城市形态发展方向，系统整合建设用地与生态保护空间，形成人工空间与自然环境间渗透交错、拓扑融合的形态关系及动态稳定的平衡态。最终在区域层面实现城市形态对自然生态环境本底的适宜：即从城市建设对生态环境的被动保护到二者互融共生。

2. 基于城市绩效提升的城市形态生长分析

城市空间绩效是指城市形态产生的经济以及福利空间的分配效应。即在有限土地的前提下，最大限度地创造效益和维持生态环境质量，促使城市整体的高效、集约、协调与可持续发展。随着城市发展从追究土地经济效益到以打造高品质城市生活为导向的新时期，城市空间愈发强调集约、高效、品质等特征。分析黄土丘陵沟壑区小城市带形延伸的城市形态导致的功能结构失衡、服务能力下降、交通距离过长等城市运作内部低效的问题，城市形态的中心与外缘功能空间距离随城市空间轴向延伸而不断拉长是其根源所在。因此，扭转这种被动离散的带状发展趋势，通过城市形态合理引导实现空间要素布局紧凑是破题之关键。因此本书结合黄土丘陵沟壑区小城市形态生长特征构建形态测度指标体系，分析城市形态的时空特征。继而结合生态安全约束框架与城市形态生长机制构建城市形态拓展阻力模型，分析形态拓展绩效。最后，在此基础上探讨基于绩效提升的空间形态发展模式，从而转变沿主河谷长轴单向延伸的被动态势，寻求城市形态生长的新必然，促进城市空间紧凑发展，提高城市运行效率与宜居品质。

3. 适宜性城市形态模式构建与优化路径选择

尽管黄土丘陵沟壑区小城市因沟壑纵横的地貌制约，其城市形态无法像平原地区那样从中心向外围匀质圈层扩张，但实践中仍可通过自组织与规划引导衍生出差异化的空间形态模式及生长路径，因此本书基于形态生长模型分析结果，通过量化测度与综合评价选择适宜黄土丘陵沟壑区小城市的形态模式，并从功能组织、道路交通、景观环境等构成城市形态的主要要素方面提出优化策略。

3.5　本章小结

　　本章内容重点在于介绍、总结、分析子长市的社会经济状况、形态问题以及未来发展条件。首先，从区位、人口、经济三个方面介绍子长的社会经济发展概况，认为经济发展下行压力突出。然后，总结单一的带状形态给子长城区带来的弊病：空间布局狭长导致设施投入不足，加剧城市功能结构不合理；过度轴向发展造成交通问题严峻；空间联系的距离增加，设施服务能力下降；带、条的破碎化显得呆板无序，既与自然环境缺乏关联性，又影响居民的心理感受与生活行为。再次，结合区域发展条件与自身资源禀赋，明确未来发展定位和城市规模，为将来具体的空间形态落实提供基础。最后，结合地域城市形态基础条件、问题特征与发展需求，阐释黄土丘陵沟壑区带形小城市适宜性城市形态的内涵与构建思路。

第 4 章

子长城区城市形态的地理环境与生态本底分析

由于干旱少雨，黄土丘陵沟壑区的土质多由松软的黄土组成，地基承载力不足，因而该地域城镇生长与建设活动大多发生于河谷地带。近年来无序的城市开发建设已经对黄土丘陵沟壑区的生态稳定性带来了许多负面效应。尤其是建设用地不断侵占本就脆弱的山体、河流，造成一定的灾害隐患，严重影响居民的生产生活。为了保护特殊地貌下的脆弱生态环境、降低城镇发展对自然环境产生的负面影响，确定人类主要活动范围的区域显得尤为必要。从城市空间形态的角度来说，这些区域的分布状况将直接影响城市形态的外在轮廓与内在组成。为了支撑和维护区域自然生态系统健康、完整和多样性，保障人类社会安全及可持续发展，本章首先对子长市的地理环境状况展开分析，概括其特征与问题。然后，结合 ArcGIS 软件在城区及周边进行生态要素的敏感性评价，划定土地利用较为适宜的区域。最后，从保障生态安全的角度对子长城区未来的空间形态提出要求。

4.1 城区自然生态环境状况

4.1.1 地形地貌

子长市地处陕北黄土高原丘陵沟壑区横山山脉东端，主脊为秀延河与涧峪岔河分水岭，北支岭为大理河与淮宁河（境内河段称涧峪岔河）分水岭，南支岭为延河上游与秀延河上游的分水岭。地势西高东低，以英板沟与高台沟分水线向南，经李家岔乡境东界，南连安定镇东界和寺湾乡东界。连线以西，海拔多在 1400～1562m 之间，连线以东，海拔在 930～1300m 之间。李家岔乡墩梁疙瘩最高，海拔 1562m，马家砭村河滩最低，海拔 930m，最大相对高差 632m[64]。

如图 4-1 所示，境内地貌属黄土丘陵沟壑组合类型，分为沟间地（土质山丘）和沟壑地（河谷川台）两大类型。沟间地分为梁、峁梁、峁等；沟壑地有细沟、浅沟、切沟、悬沟、冲沟、坳沟（干沟）和河谷。在坡面上有滑坡塌地、陷穴、碟形地等微地貌。在河谷和大冲沟间还有河漫滩、阶地等。其中黄土梁峁广布全市，据1983年普查，共有山峁6816座，占全市总面积的94.40%[65]。发源于西部的秀延河、涧峪岔河弯曲蛇形，横穿市境中部和北部。永坪河、大理河呈羽状分流，向南向北汇入延河和无定河。各河支流呈放射状密集分布。经地壳的升降起伏和河流的切割冲蚀，形成深谷高崖、千沟万壑，山、坡、梁、峁星罗棋布的破碎地貌[64]。

图4-1　子长市黄土地貌示意图

图片来源：西安地质矿产研究所，子长县地质灾害调查与区划报告

根据海拔高度、地面组成物质及地貌组合差异，市域内地貌可分为以下四区。北部梁峁状黄土丘陵区：海拔1200～1400m左右，除川道外。大部分地区山多沟窄，地形崎岖。西北部为砂黄土覆盖区，属无定河系的大理河流域，梁峁起伏大于250m，水土流失严重。东南部属涧峪岔河流域，多为黄绵土覆盖区，梁峁起伏在250m左右。涧峪岔河横贯中部，有宽大的阶地和冲击平地。中部秀延河流域黄土丘陵区：包括城区所在地，秀延河由西向东，横贯本区中部，为全市最大的河谷川道区。两侧山势趋缓，峁梁相间，峁状略圆，海拔1100～1200m。北侧支流、河道较宽，呈河沟类型，利于打坝淤地。地势较低，水热条件好，为全市主要粮食生产基地。南部峁梁状黄土丘陵区：海拔多在1250m以上，起伏在150～200m之间，山梁短窄，峁小顶尖，坡度较缓，沟谷发育，水土流失较轻，侵蚀模数低于13000t/km²。以峁梁沟坡地形为主，平川地仅在余家坪河谷可见，大部分坡地宜于发展林果业。西部河塬梁状黄土山区：海拔1400～1526m之间。区内梁长、坡陡、谷狭沟深、峰峦重叠、山势陡峭、地形起伏大，相对高差300m左右，梁顶较和缓，一般为10°～25°，梁坡上部为25°～45°，下部为45°～75°。由于山高坡陡，崩塌、滑坡等重力作用严重。本区中山川北为砂黄土所覆盖，且海拔最高，是白于山东延部分主脊；中山川南侧起伏较和缓，但梁峁顶面短窄，滑坡现象仍较严重。本区宜于发展林牧业和多种经营。

基于以上子长市地貌分区，城区位于秀延河流域黄土丘陵区，河谷川道区域面积最大。除了玉家湾、栾家坪境内的梁峁起伏在250～300m之间，河岸两侧山势较缓，整体地势较低，平均海拔都在200m以下。

4.1.2　气候条件

　　子长市深居内陆，纬度较高，属于暖温带半干旱大陆性季风气候（表4-1）。冬春季节，容易遭到西比利亚的寒流侵袭，并受内蒙古高压控制，形成强烈的西北风。夏季，经太平洋副热带高压与河西走廊热低压的交互作用，东南季风频繁。秋季，暖湿海洋性气团为秦岭所阻，南退迟缓，极地变性大陆气团畅行无阻，南进快，秋高气爽和阴雨连绵天气交替出现。在纬度、地形和大气环流的综合影响下，子长市的气候受到大气环流、地理位置、地形地貌的综合影响，呈现出以下主要特点：气温低、温差大、雨量少、蒸发快，日照长、辐射强，四季冷暖干湿分明，寒来暑往有序，冬春漫长，夏季短促；春季干旱多风，气温上升较慢，冷暖变化多；夏季温热多雨，干旱雨涝相间，多有雷阵雨天气；秋季凉爽湿润，气温下降较快，霜雪早临；冬季寒冷干燥，降雪稀少，持续时间长。全年降雨集中于夏秋两季，寒潮、霜冻、大风时有出现[65]。

子长市各季节气候特点表　　　　　　　　　　　表4-1

季节	主要气候特点
春季	干旱多风，气温上升较慢，冷暖变化多
夏季	温热多雨，多有雷阵雨天气
秋季	凉爽湿润，气温下降较快，霜雪早临
冬季	寒冷干燥，降雪稀少，持续时间长

资料来源：作者自绘

　　子长市地形起伏不平，自西北向东南倾斜，相对高差达到630m，造成各个区域的气温有一定差别。境内少阴雨，多晴天，空气污染少，日照长，太阳辐射强烈。全年平均日照时数2570.9h，多年平均太阳总辐射为122.52kcal/cm²。年平均气温9.1℃，最热为6月份，平均气温37.5℃，最低为1月份平均气温−23.1℃[65]。地形、季风气候的复合作用导致全市刮西北风居多，是全年风向的66%，东南风及其他风向也占有一定比例，主要发生在夏秋季节，形成降雨天气。

　　据气象资料分析，子长市年降水量均值513.2mm，最大值769.6mm，最小值279.6mm[65]。年降雨量较为集中，多集中于7、8、9月份，达297.9mm，占年全年降水量的62.5%，且降雨强度大，一小时最大降雨量62.4mm，24h最大降雨量165.7mm。1月份和12月份最少，均为2.6mm，各占年降水量的0.5%。1～7月份降水量呈上升趋势，7月份至12月份降水量呈下降趋势[66]。

　　在诸多气象因素中，降水与地质灾害关系最为密切，诱发地质灾害的降雨主要是连阴雨和暴雨[66]。连阴雨特征：从1961年至2006年45年资料统计，平均每年出现约2次；以夏季最多，次为秋季；7月连阴雨最多，8月仅次于7月。

多年的统计资料表明，全区以短期连阴雨为主，以夏季连阴雨强度最大，时间最长。暴雨特征：暴雨是该区造成地质灾害的主要降雨形式。暴雨一般多发生在7~9月份。7、8月份是暴雨高发期，占到暴雨总次数的77.8%，降水量一般在50~100mm之间，大于100mm的有3次。从分布看，中部河谷川源区暴雨频次高，强度大。西部及北部中山区，频次小，雨量少。

4.1.3　水文条件

子长市河流属黄河水系，分属清涧河、无定河、延河3个支流水系，流域面积2395.36km²，其中清涧河水系1631.1km²，无定河水系759km²，延河水系5.26km²[65]。

主要河流有秀延河、淮峪岔河、大理河、永坪河4条。秀延河发源于子长市西部与安塞交界的山麓，东西走向，流经城区，至清涧县境。境内流长80km，流域面积1405.10km²，占全市总面积的58.70%[65]。淮峪岔河发源于高台乡南部，属淮宁河上游、无定河的支流。流经该台、淮峪岔、南沟岔3乡，入子洲县境。境内流长36km，流域面积394km²，占全市总面积的16.50%。河流呈东西走向。较大支流有南河沟。大理河发源于石家湾乡新庄墕村，属无定河支流。流经高台、石家湾、李家岔3乡，流域面积365km²，占全市总面积的15.20%。59条流水沟道呈翼状分布，自南向北流出市境，注入大理河主流。7条主沟道总长80km，多年品均径流量0.53m³/s，径流总量1660.75万m³。永坪河发源于余家坪乡曹家河村，属清涧河支流。有流水沟道48条，呈树权状分布，自西北向东南流出市境。境内流域面积226km²，5条主沟长58.40km，多年平均流量0.33m³/s，径流总量1028.30万m³。

据资料统计，子长市境内年径流系数约0.09，多年平均径流量1.78m³/s，年径流总量10911.23万m³，占总降水量的9.92%。1990年平均每亩30.37m³，平均每人535.90m³，只及全国人均2700m³的19.8%，是全国径流最贫乏的城市之一。平均径流深45.5mm，总流量为3.46m³/s。其中以秀延河流量最大，为2.07m³/s，占全市总流量的58.60%。淮峪岔河次之，为0.567m³/s，占全市总流量的16.40%。

全市径流分布不均，西北无定河河源区，径流总量为3294.20万m³，总流量为1.04m³/s；中部川道区径流量为5715.13万m³，总流量1.81m³/s；南部清涧河河源区径流量为190.19万m³，总流量为0.61m³/s。径流季节分配悬殊，汛期（7~10月）4个月约占全年总量的三分之二，夏季和冬季分别占全年径流量的5%和8%。全市多年平均水面蒸发量为1300mm，蒸发总量为311753万m³，干旱指数为2.83，其中无定河河源区高达3.13，中部川道区和南部清涧河河源区分别为2.73和2.75。全市年陆面蒸发量为405mm。

地表水水质较好，矿化度一般小于 1g/L，适宜于人畜引用和工农业生产利用。全市 75% 供水能力的地表水资源为 7638.86 万 m³，已利用 1490.20 万 m³，利用率为 19.50%。其中西北部无定河河源区、中部川道区和南部清涧河河源区 75% 供水能力的径流总量分别为 2300.87 万 m³、4006.95 万 m³ 和 1330.04 万 m³，利用率分别为 2.70%、30.90% 和 9.70%。

子长市水域生态环境系统的服务价值巨大，应当予以保护，严禁一切破坏生态环境的建设活动，并且外围作为生态敏感性较高的区域，也应对各类建设活动加以限制。

4.1.4 植被条件

1. 植被保护

植被作为自然环境中重要组成要素，起着特殊重要作用，其社会生态价值远大于经济价值。子长市地处东部季风湿润区与内陆干旱区中纬度地带过渡区，植被带具有过渡特色，华北区系植物占主导地位，具有暖温带落叶阔叶林性质。据史料记载，在早第三纪的晚始新世至晚第三纪末期上新世和第四纪初期，境内属热带森林灌丛草原，植被灌木、草类为主，散生稀疏乔木。随自然环境变化，演变为温带森林灌丛草原。秦汉以前，境内草丰林茂，经历年战争、垦荒，植被破坏严重，原始森林和草原自清代已荡然无存，现有草木多为此生植被。目前子长市植被的主要载体为风景区和自然山体。

2. 绿化隔离与防护

生态林地和生态防护林的主要功能是保护城镇发展的外围生态环境，同时也可以看作为城镇的绿色隔离带。保护城镇绿化隔离，主要是为了防止城市的连片蔓延发展，缓解人口密度过大带来的环境污染、热岛效应等问题。它是市域绿地系统的重要有机组成，同时它也是生物流和能量流的重要通道，具有通风、降温、降尘、减噪、净化空气、蓄水、减灾防灾、生物繁衍、改善环境质量，增加城市开敞空间等综合生态服务功能。

因此，应当在城市空间形态的基础上对子长城区及其周边区域进行绿色分区，根据土地的生态保护级别采取相应的开发或保护措施，通过多层次、多途径、多尺度的生态绿化空间体系。同时为了维护整个区域内的生态平衡，确保生态系统健康有序发展，必须设立管制调控措施保护各类绿地不被城市建设用地所吞噬。城区建设用地的绿地主要集中在城市建设发展区，按照公园绿地、防护绿地、附属绿地、生产绿地的分类以点、线、面结合的形式在建成区内搭建城市的绿色平台。城区周边与山体连接的区域往往为生态协调区，该区域在开发建设时要注意协调好城市发展与生态保护的关系，使城市建设与生态环境承载能力相适应。

4.1.5　生态问题

目前，子长城区的生态环境问题较为突出：生态保护能力低下难以支撑城市建设；自然灾害频繁制约城市发展；城市环境问题严峻威胁居民生活质量。具体可以概括为以下几点。

1. 水土流失严重

黄土的物理化学特性是导致水土流失的首要原因，主要通过坡度、高度、坡长来实现。第一，黄土是表层沉积，上无荷载，压密度低，结构疏松，抗蚀性弱，易于侵蚀；第二，黄土的矿物成分中易溶盐类含量高，组成颗粒粗，饱水后容易分散，遇水易遭侵蚀；第三，黄土岩体垂直节理和空洞特别发育，因此导水性强，在水力作用下常发生潜蚀、溶洞、崩塌等现象；第四，黄土岩石结构中胶结物含量低，固结性差，抗剪强度低，浸水后在孔隙水压力作用下，颗粒滑移迅速，容易发生重力侵蚀[67]。其次，沟谷之间的梁峁丘陵存在着势能，水流通过坡地径流将势能转化为动能，使得沟间地之间的沟谷地成为汇流地段。因此，除了塬面保存得相对较完整及利用较好之外，其他地带都极易受到强烈侵蚀。

在自然因素和人为因素的作用下，子长市成为强度水土流失区。自然因素是水土流失发生、发展的客观潜在条件，人为因素是加速和防治水土流失的主要因素。自然因素主要包括有地形、地貌、岩性、植被和气候等。山高坡陡，地表支离破碎，沟谷深，沟壑密度大，土壤质地疏松，结构不良，抗蚀能力低，遇水容易解体，加之植被覆盖度低，降水强度大，使土壤冲刷严重。人为破坏是水土流失加剧的主要原因，不合理的生产、生活活动，盲目乱开荒地，扩大耕地面积，单一粮食生产，广种薄收，使土壤侵蚀加速，造成新的水土流失。在农业生产的布局和安排上重粮、轻林、轻牧的格局，客观上助长了乱垦乱伐[68]。目前，子长市共有水土流失面积 $2376km^2$，年平均侵蚀模数 $15310t/km^2$，多年平均输砂量为 3671 万 t[69]。

2. 土地破碎且坡度大，可利用性低

子长市的黄土丘陵沟壑地貌约占全市总面积的 94.6%，河谷川道仅占 5.4%。由于整个黄土丘陵的地势由西北向东南缓缓下降，丘陵沟谷密布，地表被切割得支离破碎。从沟谷密度来说，每 $4\sim6km/km^2$ 的沟道长度足以说明土地支离破碎的程度。根据统计，子长市有 100m 以上的沟道 41277 条，山峁 6816 架，沟谷密度 $5.9km/km^2$，可见地表遭受侵蚀之严重。

从土地形态来看，黄土丘陵地形一般呈两陡三缓的阶梯形规律，基本上反映了水土流失的不同侵蚀面与土地类型分布的主要规律[70]。如图 4-2 所示，A 处为黄土峁顶，坡度平缓，一般在 $5°\sim10°$ 之间，是未经水侵蚀而保存下来的原始丘顶面，该面称为无侵蚀面，虽平缓而无水土流失，但面积小且分布分散。

B 处为侵蚀陡坎，坡度在一般在 35° 以上，难以用于开发建设。C 处为黄土梁坡地，位于沟缘线与侵蚀陡坎之间，坡度在 15°～20°。梁坡地因坡度较小而面积大，是土地开发利用的主要对象，但是它处在下方沟头侵蚀、上方陡坎侵蚀的中间地带，因此需要加强两侧水土保持方能予以有效利用，否则会加剧水土流失，破坏土地资源[70]。D 处为沟谷陡壁，因沟谷陡峭而难以利用，两壁常有滑坡和泥石流发生。E 处为河谷川道或沟台地，地面平坦，水土条件好。子长城区的建设主体为丘陵坡地，其中坡地中 15° 的占 15.67%，15°～25° 的占 19.21%，25° 以上的占 65.12%[67]。陡坡地在丘陵坡地中面积较多。

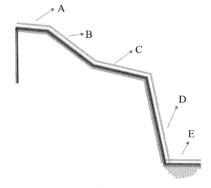

图 4-2　子长市黄土地貌立体结构图

图片来源：作者自绘

子长市土地利用难度大主要表现在水平和垂直方向两个方面：水平方向以河谷川地与丘陵沟壑相间排列，以丘陵沟壑为主；垂直方向以两缓三陡的阶梯形变化，其中陡坡地占 65% 以上，又以陡坡地为主。所以土地支离破碎且坡度陡峻，增大了土地利用的难度[67]。因此在城市建设过程中应合理布局，避免土地资源浪费。

3. 水资源短缺与污染并存

总体来说，黄土丘陵沟壑区的水资源并不富裕，总量上具有明显加速减少的趋势。冰川后退导致年际径流量开始减少，黄河断流现象越来越频繁，断流时间开始提前并延长。不少湖泊萎缩，地下水位下降严重。子长城区被南河以及秀延河包围，形成"三龙"交汇之势。除了秀延河以外，其他河流流域的植被条件差，径流量年内分配很不均匀。加上气候干旱，年降水量偏少，年内降水量时空分布不均，降雨一般集中在 6～9 月份，多雷阵雨天气，往往局部形成暴雨，造成干旱与雨涝相间，导致水资源严重紧缺[69]。

河流资源对于子长城区的服务价值巨大，应当予以保护，严禁一切破坏生态环境的建设活动。然而近几年随着社会经济的发展和人口的聚集，城区用水需求量不断加大。城市生活用水和工业用水逐年增加，地下水被不断开发，造成地下水位明显下降，水资源供需矛盾日益尖锐。同时，当地煤炭、石油的大量开采导致地表水遭受污染，水资源环境加剧恶化。这对紧缺的水资源和社会经济发展带来严重威胁，不仅破坏了生态环境，而且损害了人民的生活和健康[69]。

4. 地质灾害频发

黄土丘陵沟壑城市地处山地、丘陵包围的河谷低洼地带，河流总是沿地表的断裂带等薄弱地段下切，形成冲积、洪积盆地与阶地。地表水和地下水由山体、丘陵流向河谷，容易产生洪水、滑坡、泥石流、塌陷、崩塌等多种多样的自然灾害。如果河谷底部面积较小且狭长，并且两端出口紧束，可能引致河水倒灌，加重洪水的危害[71]。子长市地质构造属于陕甘宁盆地东部的黄土斜坡带，稳定性极差。受自然地质条件和人为因素制约，子长市地质环境十分脆弱，易发生滑坡、崩塌、泥石流、洪水、地面塌陷等灾害。如表4-2所示，灾害隐患点多集中于秀延河流域黄土丘陵区，子长城区及周边地区分布密集，形势十分严峻。

子长市地质灾害分布统计表　　　　　　　　　　　　　表4-2

乡镇	地质灾害点数（处）					占总数比（%）	密度（处 /km²）
	滑坡	崩塌	泥石流	地面塌陷	总数		
余家坪乡	9	5		1	15	9.6	0.130
石家湾乡	6	2			8	5.1	0.073
李家岔镇	12	3			15	9.6	0.055
城区（瓦窑堡镇）	19	9	1	1	30	19.2	0.202
安定镇	16	12			28	17.9	0.132
栾家坪乡	5	2			7	4.5	0.045
玉家湾镇	4	1			5	3.2	0.030
高台乡	2	2			4	2.6	0.034
南沟岔镇	3	0			3	1.9	0.019
涧峪岔镇	2	12			14	9.0	0.064
马家砭镇	1	10			11	7.1	0.057
史家畔乡	0	4			4	2.6	0.026
热寺湾乡	1	1			2	1.3	0.016
杨家园子镇	2	1			3	1.9	0.023
寺湾乡	3	4			7	4.5	0.056
合计	84	69	1	2	156	100	0.065

资料来源：子长市地质灾害调查与区划报告

（1）滑坡

据统计，子长市共有156处地质灾害，其中黄土滑坡占84处，是最为发育的地质灾害类型，以分布面广、数量大、活动性强、危害严重为特征。

（2）崩塌

子长市陡峭的地形为崩塌形成提供了动力，再加上在黄土斜坡进行工程建设，导致边坡无法保持平衡状态，在雨季容易发生崩塌。根据有关资料统计，子长市境内崩塌点共有 69 处，规模小而数量多。突发性较强，多与滑坡相伴生，致灾较为严重，多发生在沟谷中上游及其支沟中[66]。

（3）泥石流

子长市具备形成泥石流的三个基本条件——地形地貌条件、充足的水源、可供搬运的固体物质。该区沟壑纵横且比降大，为泥流的形成提供了有利的地形地貌条件；平均 2.5 年一次的暴雨为泥流的形成提供了丰富的水源条件；崩塌、滑坡极为发育，崩、滑体堆积物储量大成为泥流的丰富固体物源[66]。境内泥石流往往因暴雨诱发，来势迅猛，致灾能力强。

（4）洪水

子长城区历史上曾多次遭受洪水袭击，暴雨洪水是形成洪涝灾害的主要原因。据县志记载，自 1940～1990 年的 50 年间，该区曾发生 13 次大的暴雨灾害，伴随强降雨发生的地质灾害损失相当严重。如 1969 年 8 月，秀延河流域连降大雨，降雨量达 83.0mm。据子长市水文站统计，秀延河实测洪峰流量 3150m³/s，县河桥水满为患，秀延河与南河相互顶托，致使城区行洪不畅，水位抬高，桥面水深 1.0m，实体拦板冲毁，洪水涌入老城，齐家湾、南河城墙水深 3m，造成交通中断、全市停电，229 户居民被淹，34 处水利水保工程被毁。1994 年 8 月 31 日，南河、秀延河大水，洪水相互顶托，南河洪水倒灌，水位骤然升高，南河桥受损成为危桥。2002 年 7 月 4～7 月 5 日，子长市突降特大暴雨，4 日 1 时～9 时 40 分，降雨 189.6mm，5 日 20 时 20 分～10 时，降雨 110.8mm。秀延河最大洪峰 4760m³/s，最高洪水位 12m。洪水涌入城区，造成城区多处受淹，毁坏窑洞 5000 余孔，并导致农田受灾、道路桥梁被毁、房屋被淹，人民生命财产受到威胁，经济损失惨重。

（5）地面塌陷

子长市煤炭资源丰富，据历史记载，本区唐宋时期就有煤炭开采，老窑采空区具有一定规模，多集中于秀延河及南河河谷区煤层埋深较浅地段。20 世纪 80 年代，子长市小煤窑建设发展快，国营、集体、个体煤窑达 83 个，乱采滥挖，无序开采较为严重，采空区分布零散。目前，境内有煤矿 37 个，开采集中于瓦窑堡镇、栾家坪乡及余家坪乡，大部分开采工艺简单，以人工挖掘居多。虽然子长矿区采空区具一定规模，存在采空区地面塌陷。但大部分地区为无人居住的荒山区，对人民生命财产威胁不大。未来在工程建设中应考虑采空区引起的地面塌陷地质灾害，以免造成损失。

（6）地震避让

地震有两种指标分类法，一种是按所在地区受影响和受破坏的程度进行分级，称为地震的烈度。在我国地震烈度被分为 12 个等级，其中，6 度地震的特征是强震，而 7 度地震则为损害震。因此，以 6 度地震烈度作为城市设防的分界。6度及6度以下的城市一般为非重点抗震防灾城市，6度震区内的重要城市与国家重点抗震城市和位于7度以上（含7度）地区城市，必须考虑城市抗震问题。

子长市地处构造相对稳定的鄂尔多斯地台中部，岩层平缓倾斜，为无断块和小型断块盆地，构造简单，为陕北弱震区，地震震级一般在5级左右。据子长县志记载，自明代以来，全市共发生地震年份为1627、1632、1650、1738、1813、1920年，其中1920年12月7日8时，陕北一带地震5次，约长30min，第二次最烈，约有6min，依山崖房间尽被震塌，全家埋没者甚众。根据中国地震烈度区划划分及地震宏观影响场统计结果，确定城区设防的地震基本烈度为6度。另外，由于煤炭、石油、石灰石等矿石资源长期大量开采，地下地质结构发生了很大应力变化，也带来了诱发地震的危险性。

5. 山体植被稀疏，涵养能力弱

子长市地处东部季风湿润区与内陆干旱区中纬度地带过渡区，植被带具有过渡特色，华北区系植物占主导地位，具有暖温带落叶阔叶林性质。据史料记载，在早第三纪的晚始新世至晚第三纪末期上新世和第四纪初期，境内属热带森林灌丛草原，植被灌木、草类为主，散生稀疏乔木。随自然环境变化，演变为温带森林灌丛草原。秦汉以前，境内草丰林茂，经历年战争、垦荒，植被破坏严重，原始森林和草原自清代已荡然无存。目前子长市的主要林木品种有侧柏、油松、杨树、柳树等，其社会生态价值远大于经济价值。

子长城区周边围绕有大面积山体，是城市生态系统的有机组成部分，能够有效提高环境品质和保护生物多样性。然而，山体上的原始森林和草原由于长期滥垦滥伐、毁林造田、矿业开发已经荡然无存，目前覆盖的草木主要是次生植被和人工疏林。由于加上地区气候干燥，降水少，蒸发量大，植被生长不良，郁闭度很低（注：郁闭度指森林中乔木树冠在阳光直射下在地面的总投影面积与林地总面积的比值）。联合国粮农组织规定，0.70（含0.70）以上的郁闭林为密林，0.20～0.69为中度郁闭，小于等于0.1～0.20（不含0.20）以下为疏林。根据调查，子长市山体植被稀疏，地面缺乏一定的林草保护，人造疏林的郁闭度低于0.1，其他林在0.2～0.5，天然草地覆盖度仅0.3左右，生态环境脆弱[67]。因此，山体植被的生态支撑作用和水源涵养功能被大大削弱。尤其是到了雨季，易加剧水土流失，造成泥石流、滑坡、崩塌等地质灾害。

目前子长市正在着力进行以退耕还林还草为代表的生态修复工作。全市累计退耕还林（草）93万亩，退耕还林整体合格率达到99.66%。全市林草覆盖率达到32.8%，城区达到63%。但总体来看，针对山体的修复力度仍然不足，植被类型是人工林增多、天然林在减少，林木存在单一性，因此山体生态功能并未被充分发挥。

4.2 城区生态敏感性分析

随着城镇化进程的加快，高强度的人类活动和不合理的土地利用，使脆弱的生态环境面临巨大压力，水土流失、洪涝灾害加剧等生态问题已经上升到城市安全的层面[72]。生态环境敏感性是指生态系统对区域内自然和人类活动干扰的敏感程度，它反映区域生态系统在遇到干扰时，发生生态环境问题的难易程度和可能性的大小，并用来表征外界干扰可能造成的后果[73]。敏感性高的区域，生态系统容易受损，应该是生态环境保护和恢复建设的重点，也是人为活动应受限和禁止的区域[74]。子长市生态环境较为脆弱，为深入认识和了解其不同敏感度区域的空间分布特征，必须保护城市生态本底，划定生态敏感区域和用地拓展界限，为缓解城市无序蔓延、实现城市空间的生态化发展以及区域环境保护提供有力支持。本节在分析子长市自然环境状况和生态问题形成机制的基础上，选取影响生态的多个因素构建生态敏感性评价体系；然后，利用 GIS 技术针对城区及其周边区域进行空间分析，建立各单项因子的评价模型；最后，根据各因子的敏感度情况进行加权叠加分析，明确不同生态敏感性地区的空间分布范围。

4.2.1 生态因子选择

生态安全是指人类生活、生产的基本保障和来源以及适应环境变化的能力等不受威胁的状态[72]。对子长城区空间形态发展产生影响的生态因子有许多项，但影响程度存在差异。因此在进行生态敏感性评价时，结合上文中对城区所处区域的生态调查，根据数据的可获得性与可操作性，选取影响程度大、存在问题较多的关键因子。

（1）洪灾风险：在黄土丘陵沟壑地区，降雨时所有雨水全部由次级水道汇集到主水道，造成发生洪涝灾害的风险较大。因此，需要识别出潜在的雨水汇流通道，根据径流所影响的范围划分出不同等级的雨水淹没缓冲区[46]。子长城区的洪涝灾害主要由暴雨洪水造成，洪水威胁主要来自秀延河和南河流域，以及桃树洼沟、陈家洼、张家沟、郭家崖窑、刘家沟六条城郊支沟。由于城区位于山区，河道源短，坡陡流急，洪水集中快，下泄快，破坏力大，极易发生洪涝灾害。历次水患均因降水量集中，排水标准较低等原因所致。

（2）地质灾害风险：子长市地处构造相对稳定的鄂尔多斯地台中部，为陕北弱震区，地震一般在 5 级左右。经长期侵蚀切割作用，境内形成千沟万壑的黄土丘陵地貌景观。支离破碎的地表、垂直节理发育的黄土层、软绵疏松的土质、渗水性强的土性，使其边坡地带呈不稳定状态，易发生中小型浅层或中层滑坡或塌方，造成灾害。如图 4-3 所示，子长城区位于石家湾 – 瓦窑堡 – 马家砭地质灾害高易发区（图中长条状区域），主要沿秀延河展布，面积为 789.5km²，占全市总面积的 32.83%。分布有 98 处地质灾害（83 处隐患点），其中滑坡 60 处、崩塌 35 处、泥流 1 处、地面塌陷 2 处，灾害点密度达到 0.1241 处/km²。该区地质环境较差，人口密度相对大，人类工程活动强烈，地质灾害集中分布在人口较为密集的地段，以大、中型黄土滑坡与小型崩塌为主，对周边居民的生命财产安全有较大影响。因此，应当准确确定其空间范围，在进行工程治理的同时严格限制城市建设。

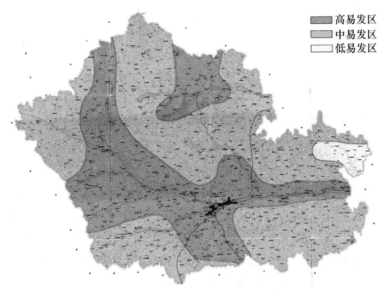

图 4-3　子长市乡镇地质灾害易程度分区图

图片来源：作者根据子长市地质灾害调查与区划报告改绘

（3）河流：河流是区域内人、动植物赖以生存的生态要素，其功能包括栖息地功能、过滤作用、屏蔽作用、通道作用、蓄水功能等。子长市地处干旱区，水域生态环境系统的服务价值巨大。为了降低河流被侵占和污染的风险，应该禁止在河流及其附近进行与城市建设和居民生产生活有关的活动，同时在外围地区限制和控制一些建设行为。

（4）水源地：目前子长城区的供水水源主要是秀延河地表水，采用堤坝引水。在枯水季节水量不足时采用中山川水库、魏家岔水库、红石峁水库补充水源联合补给。秀延河多年平均径流总量为 4656 万 m³，水资源丰富且水质良好，可作为城市主要饮用水水源。

（5）坡度：坡度是土壤稳定性和脆弱性的重要鉴定指标之一，其陡缓程度直接关系到土壤侵蚀和土地利用，进而影响生态系统的安全性和土地建设的适宜性。坡度越大，地基承载力越低、土壤利用难度较大、生态环境越脆弱。一般来说，坡度小于 10%，稳定性较好，土壤侵蚀轻微，是城市开发的理想用地。坡度在 10%～25%，稳定性一般，土地利用和开发需采取一定的工程措施。坡度大于

25%，稳定性较差，水土流失容易加剧，城市建设较为困难。

（6）土地覆盖类型：土地覆盖是指覆盖地球表面的自然营造物和人工建筑物的综合体，侧重于土地利用的自然属性，包括地表植被、湖泊、沼泽、湿地及各种人工设施。不同的土地覆盖类型可以反映出区域生态环境状况以及人类活动对自然的干扰程度，因而其所表现出的生态功能不一。子长城区的土地覆盖主要有水域、林地、耕地、园地、已开发用地。水域和林地的生态敏感性较强，耕地与园地的生态敏感性一般。

4.2.2 生态敏感性评价

层次分析法（AHP）是美国的 T.L.Saaty 于 1977 年提出的一种比较方法。其原理是首先划分各因素间相互联系的有序层次，再请专业人士对每一层次的各个因素进行两两比较，对于两者的相对重要性进行定量表示，然后计算出每一层次全部因素的相对重要性的权重，加以排序，最后根据结果进行规划决策与解决问题的措施[75]。如表 4-3 所示，结合子长城区的实际情况，选取洪灾风险、地质灾害风险、河流、水源地、坡度、土地覆盖类型作为生态敏感性评价因子。根据各个因子的数量、空间分布特点以及影响情况，通过层次分析法确定各因子的权重，运用 ArcGIS 平台进行处理，得出生态敏感单因子评价模型（图 4-4～图 4-9）。最后，对单因子评价模型进行栅格化处理，再展开空间加权叠加计算，得到高、中、低三类生态敏感分区（图 4-10）。

子长城区生态敏感性评价因子分级标准及权重表 表 4-3

评价因子	评价标准	属性分级	评价值	权重
洪灾风险	河道两侧 50m 范围缓冲区	风险大	5	0.15
地质灾害风险	地质灾害发生区域	风险大	5	0.15
河流	河流两侧 0～50m 范围缓冲区	敏感性高	5	0.1
	河流两侧 50～100m 范围缓冲区	敏感性一般	3	
	河流两侧 100～150m 范围缓冲区	敏感性低	1	
水源地	水源地 0～200m 范围	敏感性高	5	0.1
	水源地 200～500m 范围	敏感性一般	3	
	水源地 500～1000m 范围	敏感性低	1	
坡度	坡度小于 10%	稳定性较好	1	0.3
	坡度在 10%～25%	稳定性一般	3	
	坡度大于 25%	稳定性较差	5	
土地覆盖类型	水域、林地	生态保育能力强	5	0.2
	耕地、园地	生态保育能力一般	3	
	已开发用地	生态保育能力弱	1	

资料来源：作者自绘

—— 洪灾风险大

图 4-4　子长城区洪灾风险评价图

图片来源：作者自绘

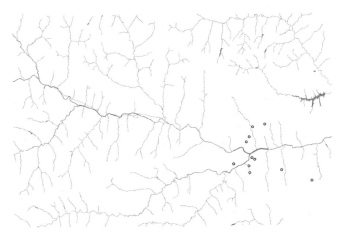

图 4-5　子长城区地质灾害风险评价图

图片来源：作者自绘

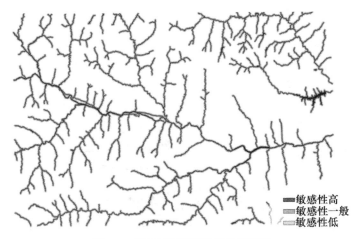

敏感性高
敏感性一般
敏感性低

图 4-6　子长城区河流敏感性评价图

图片来源：作者自绘

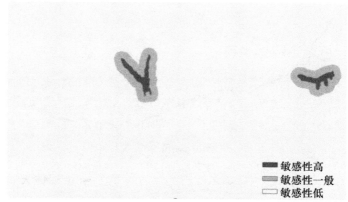

图 4-7   子长城区水源地敏感性评价图

图片来源：作者自绘

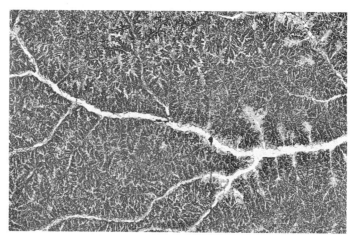

图 4-8   子长城区坡度评价图

图片来源：作者自绘

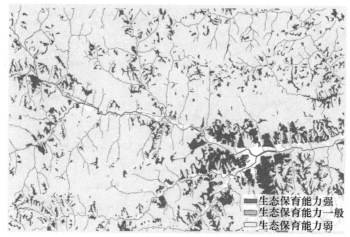

图 4-9   子长城区土地覆盖类型评价图

图片来源：作者自绘

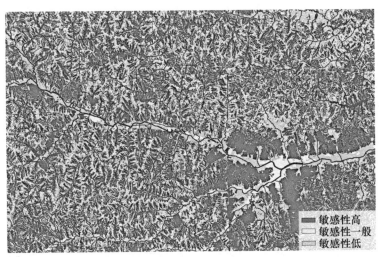

图 4-10　子长城区生态敏感性评价图

图片来源：作者自绘

4.2.3　适建性斑块归纳

从子长城区生态敏感性评价的结果来看，生态敏感性较小的土地除了沿河谷呈带状分布以外，其余呈团块状零散分布，各团块之间有一定的空间距离。从城市建设的角度来说，许多破碎的生态低敏感地区并不适宜建设。因此对于划定适宜建设的区域，还应在上文生态敏感性评价的基础上去除破碎度较高、生态敏感性较高及数量（面积）较少的斑块，并对可利用的斑块进行归并。斑块的归并和去除需遵循以下原则：第一是少数服从多数原则，利用 ArcGIS 的栅格统计分析工具，将在一个栅格中占主要类型的用地定性为该用地类型；第二是集中利用原则，由于城市建设用地具有连续的特点，在上一原则基础上按照类型集中的原则对可建设区域进行确定。例如，对于一个生态不敏感区域中占总用地面积不足5% 或 50ha 的高敏感部分（数据的获取可根据具体案例用地类型的比例和破碎斑块的面积来定），考虑确定空间性时将其作为适宜建设的不敏感区域[76]。

基于以上两个原则对可建设区域进行划分（图 4-11），发现河谷两侧缓坡上和距离山体边缘一定范围内的用地以及坡度较小的区域则较不适宜发展，最适宜发展用地主要集中在现状建成区东西两侧、局部南北两侧地势较为平坦的区域，应考虑其用地作为城市未来建设用地。

根据第 4 章子长城区及其周边可建设用地的空间分布情况，发现能够建设的区域有：A 唐家川片区、B 安定镇片区、C 栾家坪片区、D 郭家坪片区、E 瓷窑村片区、F 芽坪南片区、G 陈家洼片区、H 张家沟片区、I 薛家沟片区、J 赵家沟片区、K 火车站片区、L 寨子沟片区、M 阎家庄片区和 N 郭家崖窑片区。分析各个片区的特征状况，通过梳理它们的地块形状、占地规模、用地类型、与现状建成区的空间距离与交通联系（表4-4），发现A、B、C、D、E、K和N片区的占地规模较大，超过了100ha，能够满足将来城市建设的需求。D、E、F、G、H、I、J、L、M和N片区与中心区的空间距离低于5km，与现状城区的交通联系便捷。由于道路、河流以及铁路割裂了部分片区，地块形状也各有不同，其中相对比较方正的有E、F、N和J片区，呈长方形的有C、D、L和K片区。

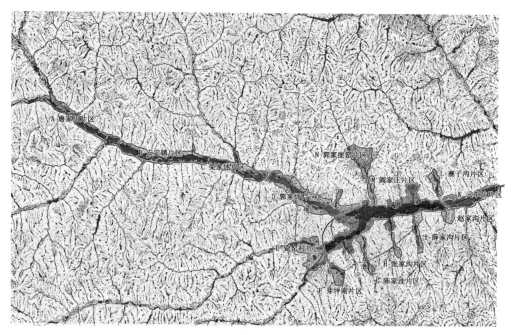

图4-11 子长城区可用于建设的用地分布图

图片来源：作者自绘

可用于建设的用地情况表　　　　　　　　　　　　　　　　表 4-4

区域名称	面积（ha）	与城区交通联系	与城市中心距离（km）	用地描述
A 唐家川片区	250	一条过境路联系建成区	16.8	地块窄长，西气东输线穿过
B 安定镇片区	265	一条过境路联系建成区	14.4	属于历史文化名镇片区，拥有钟山石窟，腹地较宽，西气东输线穿过
C 栾家坪片区	187	一条过境路联系建成区	8.5	腹地较宽，高压线和西气东输线穿过
D 郭家坪片区	386	东侧与建成区接壤，一条过境路联系建成区，另一条联系瓷窑村片区	3.8	地块窄长，有较多未建设用地，西气东输线穿过
E 瓷窑村片区	315	东侧与建成区接壤，一道路联系建成区	4.0	地块完整，原有设施条件较好
F 芽坪南片区	75	一条道路联系建成区	3.2	地块完整，原有设施条件较好
G 陈家洼片区	86	西北侧与建成区接壤，一条道路联系建成区	4.1	有过境路穿越，未建设用地较少

续表

区域名称	面积（ha）	与城区交通联系	与城市中心距离（km）	用地描述
H 张家沟片区	33	北部紧邻建成区	1.8	地块窄长
I 薛家沟片区	79	北部紧邻建成区	3.6	地块窄长
J 赵家沟片区	95	北部紧邻建成区	3.6	地块方正，建设量少
K 火车站片区	215	一条过境路联系建成区	8.0	地块窄长，被铁路分割，内有客运站，存在小型加工业企业
L 寨子沟片区	70	南侧与建成区接壤，没有道路联系	4.2	没有建设
M 阎家庄片区	27	紧邻主城区，但南侧铁路分割了地块与建成区的联系	1.2	未建设用地较少
N 郭家崖窑片区	218	一条道路联系建成区	2.0	建设量少

资料来源：作者自绘

4.3　基于生态安全的空间形态发展思考

城市是一个十分复杂的人工系统，系统的生态性和城市发展紧密相关。要构建一个环境优美、生态健康、生活舒适的人居环境，必须根据生态学规律和城市发展需求来组织城市空间，建立人与生物互惠共生的关系[77]。

4.3.1　生态格局约束形态框架

城市是一个多层次、多元素、多变量复杂的巨系统，与自然环境具有相互依存的共生关系。城市生态作为城市系统中的一部分，在更大范围的区域内与城市中的人类活动一起维持着稳定和谐的平衡状态。一方面，人类的建设行为在一定程度上改造了自然系统，另一方面生态环境自身的承载能力将影响城市土地的利用和开发，从而约束城市空间形态的发展。

因而，城市与城市的区域自然环境具有相互依存的共生关系，尊重和利用自然是城市生态性的直接体现。城市总是在一定的自然环境和地域空间里扩展。它通过城市用地潜力、城市主导风向等直接作用于城市形态，因而要求在城市布局、功能组织、用地选择、绿化系统和景观组织中尊重这些因素。在对自然要素的认识中，过去是一种"不利因素"，而在城市用地评价中被作为不可建设用地。现在强调生态环境，自然要素成为景观构筑的有利条件，能够促进形成有特色的城市空间形态。

受限于区域自然条件和脆弱生态环境，未子长城区空间形态发展应从生态适宜性、生态敏感性等资源环境角度出发，利用生态安全格局来框定城市增长的空间形态。结合景观生态学等相关理论，合理划定耕地、林地、水域、山体等非建设用地以及生态空间要素的分布区域，通过一系列限制建设的行为来约束城市形态的发展框架，从而引导城市空间的有序扩张。研究在子长城区及其周边区域展开了生态敏感性评价，框定了适宜建设的用地斑块，发现城区可建设用地主要分布在河谷两侧。河岸周边的山体被视为维护区域生态功能的重要组成部分，难以采取"平山填沟、上山建城"的做法来解决建设用地日益紧张与城市空间扩展的矛盾。因此，为了保障城市系统的生态安全，子长城区的空间形态发展应当在不超出生态环境承载力的前提下，尊重"两山夹一川"的原生地貌格局。原则上对于生态敏感性较高的区域进行严格的开发控制，保护与优化生态空间。同时摒弃大规模削山造地的建设模式，减少土方工程，重点关注用地适宜规模与强度、构成要素、地貌整治、水土保持、交通组织、景观生态、基础设施等关键问题的综合解决[78]。城市建设力求在一定范围内顺应山体和河流的走势，保障工程地质安全，塑造与地域地貌特征相协调的黄土丘陵沟壑城市形态景观。

4.3.2　整合绿楔与外部形态

景观生态学以斑块、廊道和基质作为景观的三个基本元素，认为基质对景观功能具有决定性作用。在景观分析中，城市被视为由乡村和自然基质包围的斑块，将绿色基质渗透到城市斑块中有助于保持景观生态过程的连续性。绿楔是自外部环境伸入城市的楔形绿地。根据边缘效应规律，基质环境对斑块的影响从边缘向中心地区削弱，斑块的周长面积比越大，与基质环境的物质、能量交流越强。伸入城市内部的绿楔能增加界面长度，增强边缘效应。通过对动物觅食行为的研究推断，在斑块与基质环境齿状咬合的边缘带，向内的牙状凸起部位生境多样性较好，可以吸引和容留较多物种，并且为物种迁移提供方便。楔形绿地作为绿色嵌入城市的凸起，充当两种介质间物种交流的前沿引渡区，有利于维持区域生物多样性的稳定。

城市形态根据几何特征，往往可以归纳为带型、格网型、中心集聚型三种原始形态。带形城市以一条主要交通线为中心，公共设施沿交通线布置。这种形态一般产生于快速城市化阶段，在理论上具有生长的灵活性，即可以通过两端延伸实现城市扩展。格网型城市如棋盘格状布局，方格网道路将城市划分成相对独立的若干功能区，城市生长通过增加平行和垂直的街道来实现。当格网型城市密度较高时，致密的城市肌理不允许有较多的绿色空间；当格网稀疏时，则容易造成城市的低密度蔓延，不符合土地集约利用、紧凑发展的要求[79]。中心聚集型城市表现为公共设施集中安排在中心区，通过放射状连接中心与城市边缘地区。

从城市生长潜力及其与周围自然空间的关系而言，可以认为星形放射状城市较其他两种城市形状更符合可持续发展的要求。因为这种城市的中心区集中紧凑，避免了低密度蔓延造成的土地资源浪费和对乡村景观的侵蚀；从中心区向外围，城市通过公共交通干线以指状延伸，可以在不影响城市功能的同时满足规模扩张的需求。例如丹麦首都哥本哈根采用一种掌形星状城市形态，辅之以运行良好的公共交通体系，被公认为是具有可持续性的城市。而且星形放射状城市的指状伸展轴之间还为绿楔提供了延伸空间，增加了城市斑块与基质的接触界面长度[79]。这将有利于为物种交流提供方便、维持区域生物多样性的稳定。

结合子长城区的自然地理环境和植被分布状况，可以考虑绿楔与城市空间形态的整合。城区东西与南北向的狭长状的绿楔依托秀延河、南河分布，具有保护水域生态环境与有限的滨水环境功能。其他方向的绿楔是城区外围拥有茂密植被的自然山体，它们被作为大面积的天然绿色空间伸入城市内部，能够改善和调节城市的小气候，同时为居民提供亲近自然的机会。除此之外，一些零散分布的、以农田为主的楔形绿地，可以考虑通过发展都市农业打破大面积单一的城市景观，丰富景观的多样性。在绿楔之间的地区，城市空间依托伸展轴进行指状延伸[79]。这种利用人工廊道与自然廊道控制城市无序蔓延的方式，既有利于生态平衡和乡村湿冷空间通过绿楔和廊道传入城市中心，缓解城市污染与降低热岛效应，又能为居民就近提供了休闲游憩场所，避免了对农田和绿地的侵占破坏。

4.3.3　运用分散化组团模式

分散组团布局理论产生于20世纪20年代，其概念的提出主要是针对大城市过度集中建设带来的种种问题，同时又很好地解决了城市蔓延问题。实际上组团式布局的理论渊源可以追溯至霍华德的"田园城市"模型，这种城市模型旨在探索一种兼具城市和乡村优点的空间形态，使得城市融入自然，自然渗透进城市。分散组团模式是指城市增量发展过程中外延式空间扩展形式，以核心城区加边缘分散斑块为构成特征，组团之间形成生态维度上共生、功能定位上相互支撑、产业结构上互补、设施配套上的共享和空间联系上的通达，组团单元形成能自构、自我维护的独立系统，最终使得城市内部地域空间形成网络化发展模式。具体来看，分散组团式布局就是将城市划分为若干个集团，有计划的分散布局，每个集团具有相对完备的公共服务设施和比较综合的居民职业构成，各集团之间隔以较大面积的绿地或者农业用地，并以多模式的大运量快捷交通规划作为联系支撑[46]。

为了打破人造环境与自然之间的界限，未来子长城区的空间形态发展应当遵循自然演变规律，通过分散化的组团模式来寻求城市和生态环境在空间组织关系上的平衡稳定状态，实现人工和自然系统的有机融合。根据城区可建设斑块的分布情况，该模式呈现出一种集约型、间隙式的空间发展态势。分散化的城市空间顺应自然要素的分布状态，形成相互依赖的开放格局。同时各类组团以不同的功能构成产生多变的空间组织方式和动态的生长时序。

从物质空间特征上来说，分散化组团模式可以说是在社会经济发展和生态环境要素的综合作用下所形成的一种组团群落状态。每个组群在整体上像一个个"生态群落"一样相对集中独立；各组群的内部集约发展，使得城市密度和容积率能够得到有效提升。这一开放的空间形态塑造了人与自然和谐相融的美好人居环境，与当前社会的价值取向和自然观相契合。同时在发展时序上它还具备了一定的弹性，使得不同组团的产生能够适应城市不同发展阶段的需要，实现动态的可持续生长模式。

4.4　本章小结

在黄土丘陵沟壑地区，城市土地资源的开发和利用必须在保障生态安全的前提下为空间形态发展提供基础条件。本章首先分析子长城区的地理环境状况，概括总结其脆弱生态环境问题，继而选择生态因子在城区及周边区域展开敏感性评价，利用叠加分析划分不同等级的生态敏感区域，归纳得到可建设用地的斑块。基于生态安全的角度，本章认为未来子长城区的空间形态框架应受到生态格局的约束，在外部形态上考虑与绿楔的结合，在内部组成上建议采取一种分散化的组团模式，以体现对自然的充分尊重和利用。在研究思路上生态空间从一种消极的回避态度调整为积极的主动约束，从而能为城区空间形态的拓展增添了许多可能性。这不仅保障了城市基本生态系统服务和生态安全，还满足了城市发展的建设用地需求，是实现城市精明增长和生态保护双赢的重要空间途径[79]。

第 5 章

子长城区空间形态的测度与绩效分析

城市形态是一种复杂的人类社会经济活动在历史发展过程中的物化形式和状态，通常在平面空间上呈现为某种几何图形或样式。研究城市空间形态在演变过程中体现的特征与规律，就是基于时空角度，针对外部轮廓形状的变化情况展开定性与定量的空间分析。这对于深入了解城市空间形态的演变过程和规律特征、推进城市可持续发展、合理利用和保护区域生态环境具有重要的现实意义，也是当前我国城市发展的紧迫需求。黄土丘陵沟壑区城市因高低起伏变化较大的地形地势条件，在空间上、视觉上、景观上形成了与平原城市截然不同的形态。为了准确客观地了解子长城区的空间形态特征以探索未来城市形态的发展趋势，本章首先梳理并构建科学合理的形态测度方法与指标体系。然后，对子长城区历时态空间形态进行数理统计分析，获得相关形态数据，并基于各项指标在时间维度上呈现出的变迁规律，分析城区空间形态演变特征。最后，针对空间形态的紧凑程度与扩展阻力展开分析，提出基于绩效提升的空间形态发展思路。

5.1 研究框架

5.1.1 分析方法

ArcGIS 分析技术和相关学科的理论知识将被应用于子长城区空间形态测度研究当中。为了增强空间形态评价的准确性、可比性与深刻性，对城区空间形态的扩张过程进行数理统计分析，从而发现城市形态特征的内在规律。方法具体包括两部分：一是利用等扇分析法研究子长城区空间形态扩张的方向差异性。二是结合图形特征值法将城区的外部形态轮廓加以图形化处理，利用公式计算得到形状的度量指标。

1. 等扇分析法

等扇分析法用于直观地表征城市空间形态扩展方位的各向异性，即以研究区的中心为圆心，选取适当半径将研究区划分成若干相等的扇形区域，与各时期用地图层进行 GIS 叠加，通过计算各方位的扩展指数来描述空间形态扩展的分异性[80]。本书以瓦窑堡镇政府所在地为中心，选取适当长度作为研究半径。在 ArcGIS 中，以东偏北 11.25° 为起点，画出 16 个夹角相等的扇形，转换成面文件后，调用软件中的 Analysis Tools/Overlay/Identity 工具，将主城区划分为 16 个扇形区域。然后提取不同扇形区域的面积，分析不同时段各个扇区的扩展强度，并以雷达图进行表现，以直观判断各个时段不同扇区城市空间扩展强度的差异，分清不同时段城市扩展的主导方向。由于各扇形区域的夹角相等，因此得到的扩展强度在时间与空间上均具可比性[80]。

2. 图形特征值法

图形特征值法就是在对外部空间形态的研究时，选出规则几何图形作为城区不规则空间形态的参照系，进行特征点、线段和面积的比较，再分别以相应指标作为衡量标准。目前，地理学领域中用于定量测度形状的指标方法主要有两种类型：一是基于平均意义上的粗糙度测度方法，如形状率、圆形率、紧凑度、椭圆率指数和延伸率等；二是基于图形边界测度的较精确的方法，如 Bunge 在 1962 年提出的基于间隔选取图形周界上的顶点或节点的方法，Boyce 和 Clark 于 1964 年提出的半径形状指数，Medda 于 1998 年提出的基于形状要素功能的形状指数方法[81]。

5.1.2　指标选取

城市形态反映了城市在地理空间上的空间结构特征。城市空间平面形态的度量方法主要通过城市建成区面积、周长、长轴距离、最小外接圆面积之间的相互关系进行测算等，从而反映了城市空间形态或运行功能特征的某个方面。为了将子长城区不同历史时期的空间形态演变特征从杂乱不一、形状不同的城市扩展用地中提炼出来，本节综合考虑以往学者关于城市紧凑度测度指标体系的构建，按照可比、可量、可获和可行的原则，选择强度指数、方位比重、形状率、圆形率、紧凑度、延伸率作为形态测度指标，以揭示子长城区形态扩展的数理关系与特征（表 5-1）。

子长城区空间形态测度体系表　　　　　　　　　　　　　　　　表 5-1

	指标	计算公式	量化解释
1	强度指数	$E = (U_b - U_a) / U_a \times (1/T) \times 100\%$	E 表示城市扩展强度指数，U_a、U_b 分别表示 a、b 时期建设用地总面积，T 表示 a 到 b 时段的时间跨度
2	方位比重	$S_p = (d_1S_{t2} - d_1S_{t1}) / (S_{t2} - S_{t1})$	S_p 为方位比重，d_1S_{t2} 为 d_1 方位区间内 t_2 时刻的面积，d_1S_{t1} 为 d_1 方位区间内 t_1 时刻的面积，S_{t1} 为 t_1 时刻的城市总面积，S_{t2} 为 t_2 时刻的城市总面积

续表

	指标	计算公式	量化解释
3	形状率	$F = A/L^2$	A 为区域面积；L 为区域最长轴的长度
4	圆形率	$I = 4A/P^2$	A 为面积，P 为周长
5	紧凑度	$C = A/A' = A/(\pi r^2)$	A 为城市建成区面积，A′ 为该区域最小外接圆面积，r 为城市建成区最小外接圆半径
6	延伸率	$E = L/L'$	L 为最长轴长度，L′ 为最短轴长度

资料来源：作者自绘

1. 强度指数

扩展强度指数用于分析城市建成区用地的扩展状态，能够比较不同时期城市形态扩张的强弱、快慢和趋势[82]。其表达公式为：

$$E = (U_b - U_a)/U_a \times (1/T) \times 100\% \tag{5-1}$$

式中，E 表示城市扩展强度指数，U_a、U_b 分别表示 a、b 时期建设用地总面积，T 表示 a 到 b 时段的时间跨度[80]。

2. 方位比重

方位比重反映了城市空间在某一方位上进行扩展的概率或者可能性大小。计算公式为：

$$S_p = (d_1 S_{t2} - d_1 S_{t1})/(S_{t2} - S_{t1}) \tag{5-2}$$

式中，S_p 为方位比重，$d_1 S_{t2}$ 为 d_1 方位区间内 t_2 时刻的面积，$d_1 S_{t1}$ 为 d_1 方位区间内 t_1 时刻的面积，S_{t1} 为 t_1 时刻的城市总面积，S_{t2} 为 t_2 时刻的城市总面积[83]。

3. 形状率

Horton 于 1932 年提出了一种衡量区域形状的数量指标，计算公式为：

$$F = A/L^2 \tag{5-3}$$

式中，A 为区域面积；L 为区域最长轴的长度。根据该指标数值，正方形区域的形状比是 1/2，圆形区域的形状率为 π/4，带状区域的形状率往往小于 π/4，数值越小，带状特征越明显。

4. 圆形率

Miller 认为圆形是城市建设最高效的外部空间形态，于 1963 年提出圆形率这项指标，其计算公式为：

$$I = 4A/P^2 \tag{5-4}$$

式中，A 为面积，P 为周长。该指标通过衡量不规则图形的周长和面积的数理关系，确切地反映出区域和城市发展的离散程度。指标数值越小，说明离散程度越大。经计算，当空间形状呈现为理想中的圆形时，圆形率数值为 1/π。当形状为正方形时，其数值为 1/4。带状区域的数值小于 1/4。

5. 紧凑度

众多研究表明，城市形态几乎都经历了一个从紧凑到松散、再到紧凑的过程，即城市形态的紧凑度是随着城市的周期性扩展而变化的。当城市处于快速扩张的发展阶段，紧凑度下降；当城市转为内部填充、改造发展阶段时，紧凑度上升[81]。因此探查城市形态的紧凑度变化，能够发现城市空间演变的规律性。Cole于1964年提出基于最小外接圆紧凑度指标，计算公式为：

$$C = A/A' = A/(\pi r^2) \tag{5-5}$$

式中，A 为城市建成区面积，A' 为该区域最小外接圆面积，r 为城市建成区最小外接圆半径。其数值实质上就是城市建成区面积占建成区最小外接圆面积的比例。其数值越大，说明城市形态进入填充阶段，形状越具有紧凑性。数值越接近于1，形态越接近于圆形。反之，其形态紧凑性越差。

6. 延伸率

Webbity 于1969年提出延伸率指标，计算公式为：

$$E = L/L' \tag{5-6}$$

式中，L 为建成区最长轴的长度，L' 为最短轴的长度。该指标通过比较形状的长度来衡量城市形态轴向发展的延伸程度。其数值越大，说明带状延伸程度越大。当城市形状为圆形时，其数值为1。

5.1.3 技术路线

首先，研究根据子长城区地形地貌数据、各年代土地利用现状数据、社会经济发展数据以及历版总体规划方案，在 GIS 环境下建立子长城区历史空间形态数据库，提取城市建成区面积、边界、长短轴距离等相关数据。其次，利用定量与定性分析方法，对不同时期城区空间形态进行测度和计算，总结其时空特征。再次，建立形态扩展基准阻力模型，结合测度指标数据引入相关系数对基准阻力面进行修正，研究城区空间形态在长轴与短轴方向上扩展的不同阻力值，分析形态拓展绩效。最后，根据模型结果，探讨基于绩效提升的空间形态发展模式。

在空间形态测度内容方面，首先是强度特征评价，主要分析城区建设用地的扩展面积与变化趋势；其次是方向特征评价，从方位比重两个指标入手，总结城区空间形态在演进过程中在空间方向上表现的差异；最后是形状指标，以图形特征值法着重测算城区外部形态的形状率、紧凑度、延伸率，解释其中的发展规律（图 5-1）。

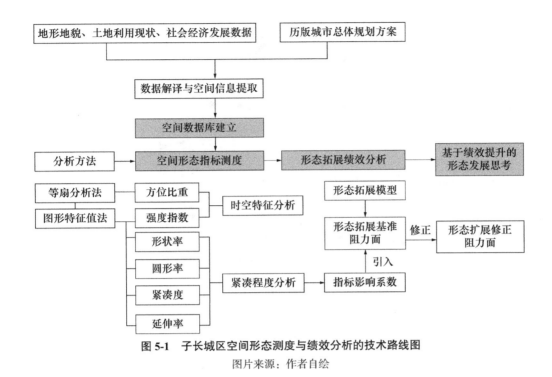

图 5-1 子长城区空间形态测度与绩效分析的技术路线图

图片来源：作者自绘

5.2 城区城市形态的历史演变与测度

5.2.1 城区空间发展历史进程及指标测度

1. 城区 1950 年空间形态

子长市历史悠久，禹贡时属雍州之域，商末为翟地，春秋归白荻，战国属魏，秦设阳周县，北魏改城平县，唐沿隋制，宋元宪宗二年设安定县，明清一直相沿（图 5-2）。1935 年分设赤源、秀延两县，1936 年废赤源设安定。1942 年，为纪念谢子长烈士，城区由安定镇迁至瓦窑堡镇，并改名为子长县。瓦窑堡镇始建于元朝初年，因煤炭丰富，盛产砖瓦得名，元、明、清三代至民国时期皆为边塞要冲，屯兵设防。城内有老城正街、中山正街、中山街 3 条主要道路：老城正街始建于清同治八年（1869 年），为南北向直街，长约 280m；中山正街是城区最繁华的地段，于民国三年（1914 年）修筑，北起中山街，全长 230m，两侧商品林立，民居密集；中山街于民国年间形成，地处老城以南，为东西向街道。

新中国成立之际，子长城区面临着恢复生产、构建社会新秩序等的局面，城市建设受限于经济条件，主要解决人民的生活物资与环境卫生问题，因而城市处于早期发展阶段，用地拓展有限，建设相对集中。1950 年，城区建成区仅为瓦窑堡老城范围，面积约为 0.4km² （图 5-3）。

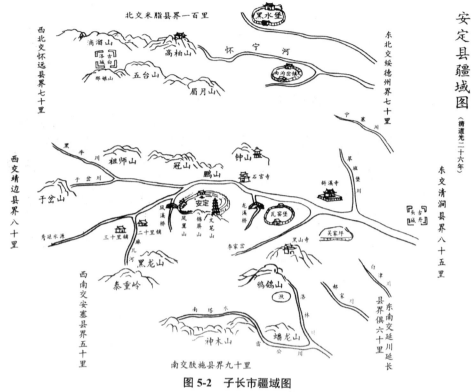

图 5-2　子长市疆域图

图片来源：子长县志．西安：陕西人民出版社，1993

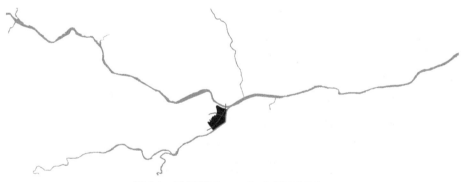

图 5-3　子长城区 1950 年建成区范围图

图片来源：作者自绘

　　结合各项指标测度，分析 1950 年子长城区建成区的空间形态。由于城区处于早期发展阶段，规模较小，城市建设相对集中，空间形态较为规整，向心集聚性较强。从指标数据来看（表 5-2），城区的形状率和圆形率数值接近同等规模的方形城市，但是延伸率远远大于同等规模的圆形与方形城市，说明 1950 年城区形态整体长方形状。城区的紧凑度指数较高，接近于同等规模的方形城市。从中各项指标的数值来看空间形态的紧凑性与发展的均衡程度，发现各项指标的数值均较高，这说明 1950 年的子长城区空间形态较为紧凑，空间经济性较强。

子长城区 1950 年空间形态测度表　　　　　表 5-2

测度	形状率	圆形率	紧凑度	延伸率
1950 年子长城区	0.42	0.19	0.43	2.13
同等规模圆形城市	0.79	0.32	1	1
同等规模方形城市	0.5	0.25	0.64	1

资料来源：作者自绘

　　从子长城区的空间形态的方向性来看，1950 年的城市建设用地被压缩在相对平坦的河谷阶地上。城区西北、东南两侧为山体，北部、东部临河，空间形态发展受到自然条件的影响。从图 5-4 中可以明显看出，城区在 N、NNE、NE 和 SWW、SW、SSW 空间方位区间内的占地明显高于其他区域。根据各方位用地总量分析（表 5-3、图 5-5），在不同方位区间上城区用地面积的比重存在很大差异，并且趋势明显，仍然以北（N）—东北（NE）和西南（SW）方向为主。1950 年的子长城区呈现为呈现东北、西南态势的空间形态。由于受到西北、东南方位区域内山体、河流等环境要素的限制，城区在往南方向上的空间资源相对充足，具有一定发展潜力。

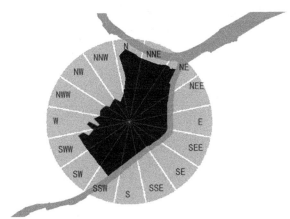

图 5-4　子长城区 1950 年建成区扇区划分图
图片来源：作者自绘

子长城区 1950 年各方位用地面积统计情况表　　　　　表 5-3

方位	各方位用地面积（ha）	用地比例（%）
N	5.45	13.63
NNE	5.43	13.56
NE	5.15	12.87
NEE	2.45	6.12
E	1.95	4.89
SEE	1.94	4.85

续表

方位	各方位用地面积（ha）	用地比例（%）
SE	1.68	4.19
SSE	1.70	4.26
S	2.61	6.52
SSW	4.07	10.17
SW	3.24	8.11
SWW	2.11	5.29
W	0.64	1.60
NWW	0.43	1.06
NW	0.43	1.06
NNW	0.73	1.83
总计	40.00	100.00

资料来源：作者自绘

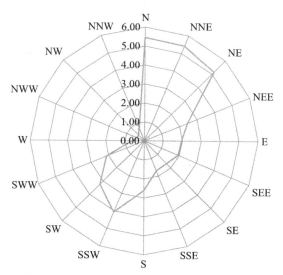

图 5-5　子长城区 1950 年各方位用地面积统计图

图片来源：作者自绘

2. 城区 1990 年空间形态

　　子长市曾在 1959 年、1976 年及 1986 年先后三次编制过城区总体规划，都在不同程度上指导了当时的建设和发展。特别是 1986 年版城区总体规划，对城市空间结构形态的调整发挥了很重要的作用。规划涉及经济、总图、绿化、道路交通、给排水、防洪、电力电讯等内容，规划范围东至豆制品厂，南至团结煤矿，西南至陶瓷厂，西至郭家沟村，北至祁家湾山。规划老城为居住、商业区，新城为行政、文化区，东部为工业区，东南为仓库、居住区，西门坪为居住区。据统计，1986 年城区建成区面积达到 1.75km²，人口 2.26 万人。

进入 20 世纪 90 年代以来，城区的快速城市化和经济高速发展拉动了城市建设，城市规模和面貌发生了很大的变化。至 1990 年底，城区范围东至豆制品厂，西至陶瓷厂，南至团结煤矿井口，北至石油库，面积 2.25km²，人口 2.29 万人[65]。国道 210（于陈家洼入城区，总长 4km）、子（长）靖（边）公路（城区段始于县河桥，长 3.5km）、子（长）安（塞）公路（城区段以陈家洼为起点，长 2km）是对外联系的主要道路。城区的行政单位逐渐东移，工矿企业位于西南和东南一线，已经形成 8 条街道（老城正街北段、中山街、老城正街中段、老城正街南段、后桥街、金融街、齐家街、二道街、陵园路）和 12 道小巷，建成 9 处大型建筑（影剧院、文化馆、原县政府办公楼、工商银行办公楼、税务局办公楼、物资局办公楼、子长中学教学楼、原县招待所、房地产开发公司楼）（图 5-6）。

图 5-6　子长城区 1990 年建成区范围图
图片来源：作者自绘

通过对 1990 年子长城区建成区的空间形态进行测度（表 5-4），发现城区的形状率、圆形率、紧凑度分别为 0.39、0.14 和 0.33，接近于同等规模的方形城市，这说明城区形态整体较为紧凑。城区的延伸率为 3.41，明显呈现为带状的空间形态。

子长城区 1990 年空间形态测度表			表 5-4
测度	形状率	圆形率	紧凑度	延伸率
1990 年子长城区	0.39	0.14	0.33	3.41
同等规模圆形城市	0.79	0.32	1	1
同等规模方形城市	0.5	0.25	0.64	1

资料来源：作者自绘

从图 5-7、图 5-8、表 5-5 可以看出，1990 年子长城区在 NNW、N、NNE、NE 和 SW 空间方位区间内的占地明显高于其他区域。城区在东北和西南方向上的扩展延续了 1950 年的态势，但是在西北方向上仍然有发展。对于平原城市，根据就近最大化利用已建设资源的原则，城市空间形态圈层化发展是最为集约的模式。尽管子长城区空间形态发展受到地形条件的限制，但是依然试图依靠中心区的优势来实现放射状扩展，因而城区空间形态在北偏西方向有显著趋势。然而，子长市作为小城镇，政府的投资能力与大中城市有着较大的差距，无法克服狭长地形对基础设施投入的压力。在不对土地进行处理改造的前提下，可利用的空间十分有限，最终只能被迫在东北（NE）和西南（SW）方向带状发展以寻求建设空间。

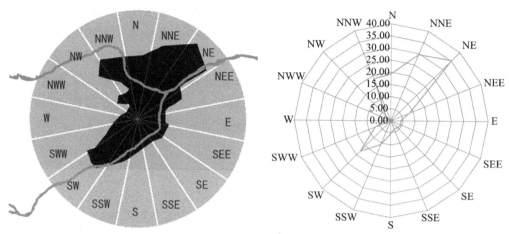

图 5-7　子长城区 1990 年建成区扇区划分图　　　图 5-8　子长城区 1990 年各方位用地面积统计图

图片来源：作者自绘　　　　　　　　　　　　图片来源：作者自绘

子长城区 1990 年各方位用地面积统计情况表　　　　　　表 5-5

方位	各方位用地面积（ha）	用地比例（%）
N	19.27	11.01
NNE	29.61	16.92
NE	35.27	20.15
NEE	8.31	4.75
E	4.10	2.34
SEE	4.57	2.61
SE	3.96	2.26
SSE	3.68	2.10
S	5.38	3.08
SSW	10.68	6.10
SW	17.90	10.23
SWW	6.97	3.98
W	2.35	1.34
NWW	1.26	0.72
NW	3.03	1.73
NNW	18.70	10.68
总计	175.02	100.00

资料来源：作者自绘

3. 城区 2003 年空间形态

迈入新世纪以后,子长市依托资源优势进入了全面高速发展阶段。截至 2003 年底,建成区范围包括瓦窑堡镇大部分及栾家坪乡和杨家园子镇的一部分,面积达到 4.45km²,人口 7.22 万人,人均建设用地 61.6m²。

神延铁路已经全线贯通并投入营运,铁路通过子长城区,设有客货运三等站一处,榆靖高速、吴堡至银川的二级公路(国道 307)都从市域北部通过。省道 205(原为国道)也经过城区。中心区道路用地紧张,道路宽度普遍过窄,缺乏静态交通设施。由于受交通条件和河流山体门槛的制约,城区大部分建设项目都拥挤在中心区,由于人口密度和建筑密度过大引发的各种矛盾相当突出。城区有 1 所完全中学,2 所初中,原县医院、中医医院各 1 所,冯家屯乡卫生院一所,医护人员 324 人,病床 239 张。共有 3 个贸易市场,人流量每日 5000~6000 人。居住建筑整体层次偏低,占地面积大,零星开发建设的住宅组团比例较大,南部和西部村镇数量较多,且分布密集。共有工业企业 15 家,与其他用地混杂布置。子长城区地处川道,南北狭窄,东西漫长,是个典型带状城市,东部至西部长达十几公里,两部分交通条件较差,与中心市区联系也不方便,不利于两侧发展(图 5-9)。

图 5-9 子长城区 2003 年建成区范围图
图片来源:作者自绘

如表 5-6 所示,不论是形状率、圆形率,还是紧凑度的数值,2003 年子长城区空间形态呈现明显的带状形态。形状率说明形态的长轴较长,两端联系已经较为不便捷。圆形率、紧凑度说明城区形态的离散程度较大,紧凑性较低。延伸率已经达到同等规模圆形城市的 5 倍,说明带状延伸程度较大。

| | | | 子长城区 2003 年空间形态测度表 | 表 5-6 |

测度	形状率	圆形率	紧凑度	延伸率
2003 年子长城区	0.18	0.10	0.20	5.08
同等规模圆形城市	0.79	0.32	1	1
同等规模方形城市	0.5	0.25	0.64	1

资料来源:作者自绘

从图 5-10、图 5-11、表 5-7 可以看出，2003 年子长城区空间形态的骨架明确拉大，在 NE、NEE 空间方位趋势较为突出，呈现出明显的轴向发展特征。相较于早期在 NNW 和 SW 方向上有所发展，城区在这些方位的可利用空间越来越有限，只能利用东偏北方向上相较平坦与宽阔的土地，而沿东偏北的秀延河呈带形扩展。在延伸的同时，城区空间在 NW、NNW 和 NNE 方向上仍然有所发展，形态总体表现较为完整。在这一时期，子长城区空间以 SEE、NEE 和 NNW 方向的外延式地域扩展为主，基本确立了带状、轴向发展的空间形态，同时"见缝插针"式的建设也促使城市形态在南北方向上进行了内涵式填充。

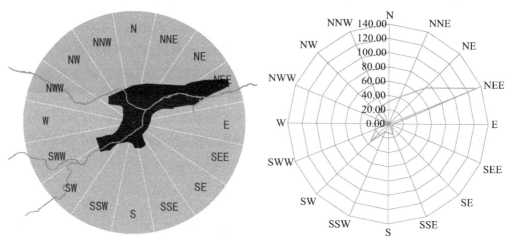

图 5-10　子长城区 2003 年建成区扇区划分图　　　图 5-11　子长城区 2003 年各方位用地面积统计图

图片来源：作者自绘　　　　　　　　　　　　　图片来源：作者自绘

子长城区 2003 年各方位用地面积统计情况表　　　　　　表 5-7

方位	各方位用地面积（ha）	用地比例（%）
N	31.61	7.10
NNE	41.42	9.31
NE	72.11	16.20
NEE	133.39	29.98
E	6.75	1.52
SEE	5.79	1.30
SE	5.82	1.31
SSE	15.82	3.56
S	13.12	2.95
SSW	11.98	2.69
SW	35.83	8.05
SWW	18.42	4.14

续表

方位	各方位用地面积（ha）	用地比例（%）
W	3.55	0.80
NWW	3.13	0.70
NW	19.28	4.33
NNW	26.99	6.07
总计	445.00	100.00

资料来源：作者自绘

4. 城区 2013 年空间形态

近年来，随着国家西部大开发战略的实施、陕北能源化工基地的建设和子长市社会经济的发展、能源产业的开发及各级领导部门、职能部门对城市建设的重视，子长城区的城市建设有了较大的发展。2013 年，子长城区有 205 省道、子靖公路、子安公路和神延铁路作为对外联系的主要方式，人口达到 10.09 万人，面积 7.79km²。建成区初步形成了以安定路和中山街为骨架、沿秀延河以及南河发展的"T"字形空间结构。其中南部为依托中山街发展的老城区，呈南北向带状布局；北部为依托安定路发展的城市新区。城市商业服务设施主要沿安定路、中山街、秀延街、安兴路等两侧轴向展开。行政办公用地集中在广安街、金融街两侧以及四路口广场附近的区域[46]。居住以窑洞式建筑为主，东部少量现代住宅大多是单位（子北采油厂、瓦窑堡采油厂等）附属住宅用地。中、小学整体分布较为分散。工业、仓储用地主要位于老城西南侧瓷窑村以及新区东部的火车站地区（图 5-12）。

图 5-12　子长城区 2013 年建成区范围图
图片来源：作者自绘

从表 5-8 可知，2013 年子长城区的形状率、圆形率、紧凑度和延伸率数值普遍较低。城区空间形态沿川道蔓延，呈现轴向发展态势，紧凑度较差，离散程度较高。同时这种带状形态的延伸程度很大，属于狭长类型，会对城区内部的功能联系带来问题。

子长城区 2013 年空间形态测度表　　　　　　表 5-8

测度	形状率	圆形率	紧凑度	延伸率
2013 年子长城区	0.15	0.05	0.18	5.84
同等规模圆形城市	0.79	0.32	1	1
同等规模方形城市	0.5	0.25	0.64	1

资料来源：作者自绘

　　城区处于中期发展阶段，河流、山体与过境交通的穿越切割影响进一步凸显，只能被动地沿交通干线轴向放射扩展。从图 5-13、图 5-14、表 5-9 可以看出，2013 年子长城区空间形态在 NEE 空间方位上扩展趋势最显著，其次是 SW 方向。与此同时，可以看到城区空间在东偏北方向扩张的基础上适当基于部分位置往北、往南延伸，造成空间形态的越来越不规则。这说明，城区空间形态的过度轴向发展已经造成了一些城市问题，如城市效率的降低，并且越来越难以为继，因而部分尚可利用的平坦地区被很快地开发建设。这些细碎零散的用地不仅揭示出城区空间发展的无序化、不可控态势，还造成了空间形态的不规整与不经济。

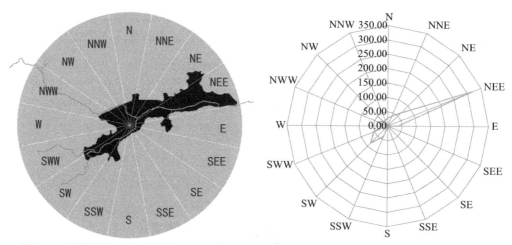

图 5-13　子长城区 2013 年建成区扇区划分图　　图 5-14　子长城区 2013 年各方位用地面积统计图
　　图片来源：作者自绘　　　　　　　　　　　　　图片来源：作者自绘

子长城区 2013 年各方位用地面积统计情况表　　　　　　表 5-9

方位	各方位用地面积（ha）	用地比例（%）
N	28.22	3.62
NNE	38.10	4.89
NE	66.19	8.50
NEE	320.50	41.14
E	35.72	4.59
SEE	5.72	0.73

续表

方位	各方位用地面积（ha）	用地比例（%）
SE	4.01	0.51
SSE	3.34	0.43
S	4.79	0.62
SSW	39.13	5.02
SW	84.68	10.87
SWW	52.43	6.73
W	16.56	2.13
NWW	36.18	4.64
NW	23.13	2.97
NNW	20.30	2.61
总计	779.00	100.00

资料来源：作者自绘

5.2.2　城区空间形态指标变迁分析

根据历时态主要年份子长城区各项空间形态指标测定值，在城市形态生长的时间维度上纵向研究数据结果之间的内在逻辑，总结在城区空间形态演变过程中不同指标呈现出的变化特征与演变规律（图5-15）。

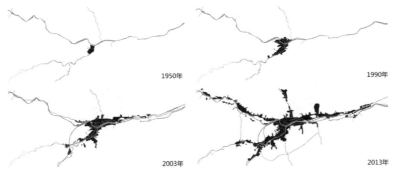

1950年　　1990年

2003年　　2013年

图 5-15　子长城区空间发展示意图

图片来源：作者根据历版总体规划资料自绘

1. 强度指数

通过强度指数对空间形态进行测度，研究子长城区在不同时期内的空间形态年增长速率，以表征其扩展的总体规模与趋势。由表5-10可知，1950～1986年，子长城区的扩展面积为135ha，扩展强度指数为9.38%。1986～1990年，扩展面积为50ha，扩展强度指数为7.14%。1990～2003年，扩展面积为220ha，扩展强度指数为7.52%。2003～2013年，扩展面积为334ha，扩展强度指数为7.51%。不同阶段的扩展强度指数变化浮动较小，说明城区空间形态一直保持平稳增长态势。

子长城区各年份空间形态增长与扩展强度统计表　　　　　　表 5-10

时间	建成区面积（ha）	时段	增长面积（ha）	年均增长面积（ha）	强度指数 E（%）
1950	40	1950～1986	135	3.75	9.38
1986	175	1986～1990	50	12.5	7.14
1990	225	1990～2003	220	16.92	7.52
2003	445	2003～2013	334	33.4	7.51
2013	779				

资料来源：作者自绘

2. 方位比重

根据子长城区 1950～2013 年各个时期的 1 扇区划分情况（图 5-16），统计分析不同方位在不同时期的面积，计算得到方位比重 S_p（表 5-11）计算。如图 5-17 所示，1950～1990 年城区空间形态在各个方位上的比重都比较均衡；1990～2003 年在 NEE 方位的比重数值最高，同时空间在 S、SWW 上有所扩展；2003～2013 年方位比重数值较高的依次为 NWW、NEE 和 SW 方向。城区空间形态整体为西北、东南发展态势。随着时间的推移，城市建设越来越受到地形等自然条件的制约，空间发展遇到了瓶颈。城区在东北方向上始终沿 NEE 方位扩展，西南方向上 SW 和 SWW 惯性趋势突出。近期城区空间形态在西北方向上大力发展，NWW 的方位比重数值远远高于其他区域，此外 N 方位上的比重数值也有所上升，说明该方向在未来具有一定的发展潜力。

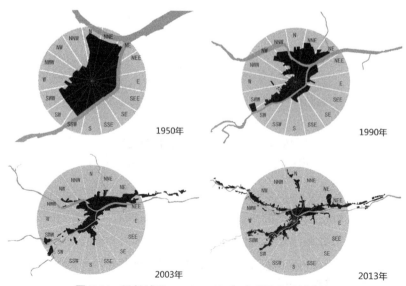

图 5-16　子长城区 1950～2013 年建成区扇区划分图

图片来源：作者自绘

子长城区各年份不同方位用地面积与指数统计表　　　　表 5-11

方位	1950年 面积（ha）	1950～1990年 S_p	1990年 面积（ha）	1990～2003年 S_p	2003年 面积（ha）	2003～2013年 S_p	2013年 面积（ha）
N	5.45	0.37	20.27	0.87	31.60	1.11	42.66
NNE	5.43	0.50	25.48	2.38	56.40	0.17	58.14
NE	5.15	0.58	28.46	2.11	55.86	0.31	59.00
NEE	2.45	0.15	8.40	8.23	115.37	6.37	179.12
E	1.95	0.05	4.15	0.19	6.62	1.18	18.41
SEE	1.94	0.07	4.62	0.09	5.77	0.22	7.97
SE	1.68	0.06	4.00	−0.03	3.64	0.05	4.14
SSE	1.70	0.05	3.72	0.93	15.86	0.21	18.01
S	2.61	0.09	6.03	1.32	23.15	0.08	23.97
SSW	4.07	0.11	8.28	0.60	16.09	0.36	19.73
SW	3.24	0.44	20.94	1.14	35.71	5.89	94.63
SWW	2.11	0.21	10.44	1.62	31.45	4.93	80.76
W	0.64	0.04	2.37	−0.10	1.01	0.28	3.82
NWW	0.43	0.02	1.27	0.19	3.73	9.89	102.65
NW	0.43	0.18	7.76	0.75	17.45	2.23	39.77
NNW	0.73	0.45	18.81	0.50	25.28	0.09	26.22
总计	40.00		175.02		445.00		779.00

资料来源：作者自绘

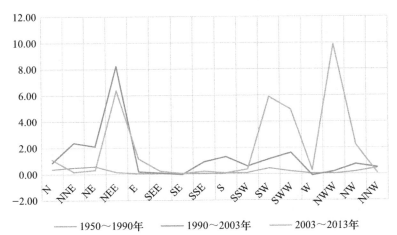

图 5-17　子长城区空间形态方位比重变化图

图片来源：作者自绘

3. 形状率

如表 5-12 所示，1950 年城区形状率为 0.42，接近于同等规模方形城市的数值，1990 年形状率为 0.39，2003 年为 0.18，2013 年为 0.15。自 1950 年起，城区形状率一直在下降，尤其是 1990 年以后下降幅度增大，说明空间形态呈外延扩张态势，导致城市中心的有效影响和服务范围有限，空间经济性降低。

子长城区各年份形状率统计表　表 5-12

年份	建成区面积 A（km²）	长轴长度 L（km）	形状率 F
1950 年	0.4	0.97	0.42
1990 年	1.75	2.11	0.39
2003 年	4.45	4.97	0.18
2013 年	7.79	7.21	0.15
同等规模圆形城市	—	—	0.79
同等规模方形城市	—	—	0.5

资料来源：作者自绘

4. 圆形率

如表 5-13 所示，1950 年城区圆形率为 0.19，1990 年为 0.14，2003 年为 0.1，2013 年为 0.05。圆形率数值远远低于同等规模的圆形和方形城市，城区空间形态离散程度较大。

子长城区各年份圆形率统计表　表 5-13

年份	建成区面积 A（km²）	周长 P（km）	圆形率 I
1950 年	0.4	2.87	0.19
1990 年	1.75	6.98	0.14
2003 年	4.45	13.35	0.1
2013 年	7.79	25.37	0.05
同等规模圆形城市	—	—	0.32
同等规模方形城市	—	—	0.25

资料来源：作者自绘

5. 紧凑度

如表 5-14 所示，1950 年城区紧凑度为 0.43，1990 年为 0.33，2003 年为 0.2，2013 年为 0.18。城区空间形态一直处于迅速扩展阶段，紧凑度不断减少，空间扩展的合理性降低。

子长城区各年份紧凑度统计表　表 5-14

年份	建成区面积 A（km²）	最小外接圆面积 A'（km²）	紧凑度 C
1950 年	0.4	0.93	0.43
1990 年	1.75	5.30	0.33

续表

年份	建成区面积 A（km²）	最小外接圆面积 A'（km²）	紧凑度 C
2003 年	4.45	22.25	0.2
2013 年	7.79	43.28	0.18
同等规模圆形城市	—	—	1
同等规模方形城市	—	—	0.64

资料来源：作者自绘

6. 延伸率

如表 5-15 所示，1950 年城区延伸率为 2.13，1990 年为 3.41，2003 年为 5.08，2013 年为 5.84。历年的延伸率数值远远高于同等规模的圆形和方形城市，说明建成区明显呈现为带状形态。尤其是自 2003 年起，延伸率已经达到同等规模圆形城市的 5 倍，说明带状延伸程度不断加大，轴向发展态势加剧，空间形态趋向于狭长类型。

子长城区各年份延伸率统计表　　　　　　　　表 5-15

年份	最长轴长度 L（km）	最短轴长度 L'（km）	延伸率 E
1950 年	0.97	0.46	2.13
1990 年	2.11	0.62	3.41
2003 年	4.97	0.98	5.08
2013 年	7.21	1.23	5.84
同等规模圆形城市	—	—	1
同等规模方形城市	—	—	1

资料来源：作者自绘

5.2.3　城区空间形态时空特征

1. 外延式扩张稳步推进

如图 5-18 所示，子长城区空间形态处于快速扩张的发展阶段，建设用地面积随时间的增长模式与指数曲线较为拟合。1950 年建成区面积仅为 40ha，2013 年已增加至 779ha，面积增长了近 20 倍，年平均扩展速度为 11.73ha，年均增长率为 4.83%。分时段来看，1950～1986 年、1986～1990 年、1990～2003 年、2003～2013 年，建设用地年均扩展速度分别为 3.75ha、12.5ha、16.92ha、33.4ha，城区空间形态大致经历了缓慢、快速、高速扩展时期。特别是 2003 年以后，建成区空间形态聚集扩张，面积增加了 75.06%，占 1950～2013 年扩展总面积的 45.2%。

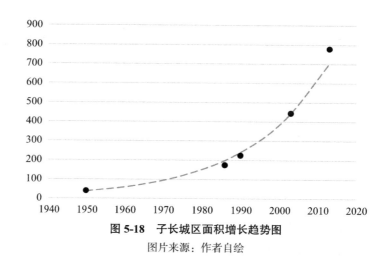

图 5-18　子长城区面积增长趋势图

图片来源：作者自绘

与此同时，城区形状率、圆形率、紧凑度不断下降，延伸率持续上升，说明城区空间发展为外延式扩张模式。早期阶段，城市规模较小，城市建设相对集中，城区空间形态较为规整，向心集聚性较强。中期阶段，受限于可利用的土地资源，新增的建设用地将已有的较为破碎分散的用地斑块结合在一起，导致城区边缘不断向外低密度蔓延，形成了扩层式增长。后期阶段，城区以河流、交通干线为发展轴，在已有建设用地周围继续被动外延扩展，城市空间愈加趋于分散。

2. 沿河谷轴向延伸趋势明显

子长城区空间形态的发展在很大程度上受到了地形条件的制约。受到西北、东南方位区域内山体、河流等环境要素的限制，城区无法根据就近最大化利用已建设资源的原则，按照平原城市模式实现集约化、圈层式发展。1950 年，城区空间形态基本为团块状长方形。1990 年，城区依靠既有中心区的优势在北偏西方向上有所拓展，但是由于城市规模与投资能力有限，因而克服平整改造土地的成本压力，最终只能被动地延续东北、西南方向发展以寻求建设空间。2003 年，城区空间形态的骨架进一步拉大，NEE 方位上可利用的土地相较平坦与宽阔，空间形态呈现出明显的轴向发展特征。2013 年，河流、山体与过境交通的穿越切割影响进一步凸显，城区空间进一步沿河谷向西北、东北、西南轴向扩展，同时充分利用可建设用地"见缝插针"式地往北延伸，造成形态越来越不规则。

通过分析不同时期各方位的用地总量，发现不同方位区间上的用地比重存在很大差异，因而发展趋势亦有所不同。1950～1990 年，城区各个方位比重数值相差较小；1990～2003 年，城区在 NEE 方位上的数值明显高于其他区域，空间形态呈现明显的轴向发展特征；2003～2013 年，城区在西北方向上有较大发展，方位比重数值的波峰出现在 NWW 方位，其次是 NEE 和 SW 方位。尽管城区已经从东北、西南单一方向上的轴向延伸逐步转变为三个方向发展，但是受限于 T 字形河流的走向，空间形态发展始终被限定在河谷区域内，并没有摆脱沿河谷蔓延的趋势。

5.3 城区空间形态发展的绩效分析

5.3.1 空间形态紧凑程度分析

通过分析子长城区历年形状率、圆形率、紧凑度、延伸率的数值，绘制折线图（图 5-19、图 5-20），动态反映城区紧凑程度的变化情况。从图 5-19 可知，1950～2013 年城区空间形态的形状率、圆形率都低于同等规模的圆形和方形城市数值，并且一直呈现下降趋势。形状率从 0.42 下降至 0.15，且 1950～1990 年、2003～2013 年为平缓下降期，1990～2003 年为快速下降期。圆形率从 1950 年的 0.19 下降至 2013 年的 0.05。紧凑度从 0.43 下降至 0.18。城区空间形态越来越趋向于狭长状，并且长轴两端联系较弱，横向距离不断加大。根据图 5-20，城区延伸率大于同等规模的圆形和方形城市（数值为 1），并且逐年持续上升。城区空间形态一致保持沿东北、西南方向的狭长拓展态势，延伸程度不断增大，轴线发展趋势越来越强烈，离散程度也越来越大。这说明城区空间形态的紧凑程度整体处于较低水平，有待进一步提高。从运输成本和城市设施的有效服务上讲，这不仅导致了城区空间布局不够集约，还在一定程度上降低了城市效率。

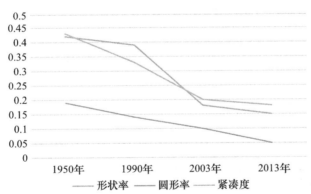

图 5-19 子长城区空间形态的形状率、圆形率、紧凑度数值变化图

图片来源：作者自绘

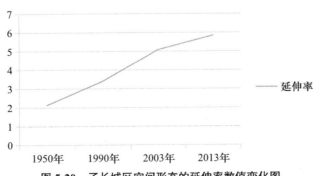

图 5-20 子长城区空间形态的延伸率数值变化图

图片来源：作者自绘

为了更好地表征空间形态在演变过程中紧凑程度的变化情况，本书引入形态扩展变化系数 K。K 表示城市形态指标（形状率、圆形率、紧凑度、延伸率）从 t 时间状态转变到 $t+1$ 时间状态下的变化情况，计算公式如下：

$$K = R_{t+1}/R_t - 1 \qquad (5\text{-}7)$$

式中，K 表示形态扩展变化系数，t 表示过去某一时间节点，$t+1$ 表示过去时间节点之后新的时间状态，R_{t+1} 表示在 $t+1$ 时间状态下的形态测度指标数值，R_t 表示在 t 时间状态下的形态测度指标数值。

根据 1950 年、1990 年、2003 年和 2013 年对子长城区空间形态的指标数据，计算得到 1950~1990 年、1990~2003 年以及 2003~2013 年三个发展阶段的空间形态扩展变化系数。如表 5-16 所示，结合历年形状率、圆形率、紧凑度、延伸率数值，分别计算得到形状率变化系数 KF、圆形率变化系数 KI、紧凑度变化系数 KC、延伸率变化系数 KE。除了延伸率以外，形状率、圆形率、紧凑度变化系数的值域范围均小于 0，说明随着城区空间沿长轴河谷方向的不断延伸，城市紧凑程度不断下降，离散程度不断加大，空间扩展绩效明显减弱。而延伸率的变化系数始终大于 0，说明城区空间形态的延展性较强，呈现轴向发展态势，且与城市形态紧凑程度呈负相关关系。以上数据不仅揭示出子长城区空间发展的无序化、不可控态势，还造成了空间形态的不规整与不经济。

不同时期子长城区空间形态轴向扩展变化统计表 表 5-16

系数	计算公式	1950~1990 年	1990~2003 年	2003~2013 年
形状率变化系数 KF	$KF = FR_{t+1}/FR_t - 1$	-0.07	-0.54	-0.16
圆形率变化系数 KI	$KI = IR_{t+1}/IR_t - 1$	-0.26	-0.28	-0.5
紧凑度变化系数 KC	$KC = CR_{t+1}/CR_t - 1$	-0.23	-0.39	-0.1
延伸率变化系数 KE	$KE = ER_{t+1}/ER_t - 1$	0.6	0.49	0.15

资料来源：作者自绘

5.3.2 空间形态拓展阻力分析

城市空间在扩展过程中，往往会因为受到阻力的不同而出现形态的变化。建设用地会沿着已建设区域向外推进，并受到对外交通、山体河流等环境要素的影响而表现出不均衡、不均匀的扩散态势。就平原城市而言，空间形态的"近域"圈层式发展就体现了有效利用既有资源的一种集约模式。历史上子长城区空间扩展受一定区域范围内的地形条件局限，在长轴方向上遇到的阻力明显小于短轴方向，因而产生了狭长的带状形态。未来这一形态的发展将继续受到长轴与短轴方向阻力带来的直接影响。为了剖析城区空间形态在长轴与短轴方向上的发展趋势，本书通过运用 ArcGIS 工具，量化分析研究子长城区空间形态在扩展过程中所受到的阻力分布情况。首先建立空间形态扩展基准阻力模型，再分别计算沿长轴河谷方向、短轴支沟方向的空间形态扩展阻力值，最后代入基准模型得到空间形态扩展修正阻力模型。

　　一般来说，城市空间越靠近中心，其拓展成本越低。子长城区属于带状单中心城市，符合城市空间绩效与城市中心距离的递减规律，可以利用 ArcGIS 中的缓冲区分析功能来研究其形态发展。缓冲区分析是指对空间要素点、线、面和多边形在其相邻的范围内，按照制定的条件建立一个空间范围[84]。本书在适于建设的用地范围内，将城区划分为 10m×10m 的网格单元，以现状建成区边界，利用缓冲带分析法围绕点中心向外等距扩散缓冲带，作为空间形态扩展基准阻力面（图 5-21）。依据长轴与短轴方向河谷间的平均沟道宽度值，设定缓冲半径为 400m，并在不同缓冲区内赋予相应的阻力值。建成区边界的阻力值为 0，城区空间拓展每向外 400m，阻力值增加 e，则空间增长至最大边缘的阻力值为 38e。

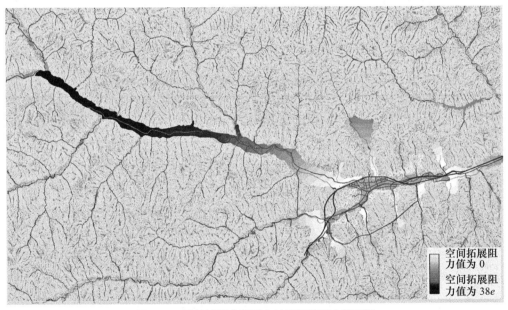

图 5-21　子长城区空间形态扩展基准阻力模型图
图片来源：作者自绘

　　子长城区空间形态的扩展阻力与形状率、圆形率、紧凑度、延伸率的指标大小和紧凑程度有直接关系。为了量化城区空间形态在长轴河谷方向和短轴支沟方向的扩展阻力值，本书引入长轴长度、短轴长度与历年形态指标数值间的相关系数。长轴方向阻力值的计算公式为：

$$Fa = e\left(C_{\mathrm{F}}^{\mathrm{a}} + C_{\mathrm{I}}^{\mathrm{a}} + C_{\mathrm{C}}^{\mathrm{a}} + C_{\mathrm{E}}^{\mathrm{a}} \right) \tag{5-8}$$

　　式中，a 为长轴河谷方向的长度，Fa 为长轴沿河谷方向的空间形态扩展阻力值，e 为缓冲半径内的阻力值，$C_{\mathrm{F}}^{\mathrm{a}}$、$C_{\mathrm{I}}^{\mathrm{a}}$、$C_{\mathrm{C}}^{\mathrm{a}}$、$C_{\mathrm{E}}^{\mathrm{a}}$ 分别表示长轴长度与形状率、

圆形率、紧凑度、延伸率之间的相关系数。

短轴方向阻力值的计算公式为：

$$Fb = e\left(C_F^b + C_I^b + C_C^b + C_E^b\right) \tag{5-9}$$

式中，b 为短轴支沟方向的平均长度，Fb 为短轴沿支状沟壑方向的空间形态扩展阻力值，e 为缓冲半径内的阻力值，C_F^b、C_I^b、C_C^b、C_E^b 分别表示短轴平均长度与形状率、圆形率、紧凑度、延伸率之间的相关系数。

根据子长城区空间形态发展的阶段特征和资料获取结果，分别采用 1950 年、1990 年、2003 年、2013 年的城区建设用地现状图，提取不同时期建成区的边界范围，计算各年份的各项指标数值以及长轴长度 a、短轴平均长度 b，以及 a、b 与形态指标数值间的相关系数 c。如表 5-17 所示，子长城区空间形态在拓展过程中，长轴长度与指标相关系数的数值始终大于短轴，说明整体上空间沿长轴河谷方向的绩效降低程度大于短轴支状沟壑方向。尤其是长轴相关系数数值普遍大于 0.9，最大达到了 0.96，而短轴相关系数最大值也仅仅为 0.89。因此，从城市形态测度指标的角度去衡量，城区空间形态沿长轴河谷方向的拓展阻力势必大于沿短轴支状沟壑方向。

不同时期子长城区空间形态长轴、短轴数值与测度指标的相关系数统计表　　表 5-17

		年代				相关系数 c	
		1950	1990	2003	2013	长轴	短轴
建成区面积（km²）		0.4	1.75	4.45	7.79		
建成区周长（km）		2.87	6.98	13.35	25.37		
长轴长度 a（km）		0.97	2.11	4.97	7.21		
短轴平均长度 b（km）		0.31	0.54	0.52	0.72		
指标	形状率 F	0.42	0.39	0.18	0.15	$C_F^a = 0.94$	$C_F^b = 0.57$
	圆形率 I	0.19	0.14	0.1	0.05	$C_I^a = 0.96$	$C_I^b = 0.89$
	紧凑度 C	0.43	0.33	0.2	0.18	$C_C^a = 0.91$	$C_C^b = 0.73$
	延伸率 E	2.13	3.41	5.08	5.84	$C_E^a = 0.96$	$C_E^b = 0.79$

资料来源：作者自绘

在此基础上，分别引入长轴长度、短轴平均长度与测度指标的相关系数 c 进行叠加修正，得到城区空间形态扩展修正阻力模型。其中，沿长轴河谷方向空间形态扩展阻力值 Fa 为：$Fa = e\left(C_F^a + C_I^a + C_C^a + C_E^a\right) = 3.77e$。沿短轴支沟方向的空间形态扩展阻力值 Fb 的计算公式为：$Fb = e\left(C_F^b + C_I^b + C_C^b + C_E^b\right) = 2.98e$。由图 5-22 可知，子长城区空间形态在长轴方向上的扩展阻力较大，并且随着距离的增加空间绩效越来越低，而城区在短轴支沟方向上的扩展阻力明显小于长轴方向，说明未来城区将沿此进行成本最小化发展。

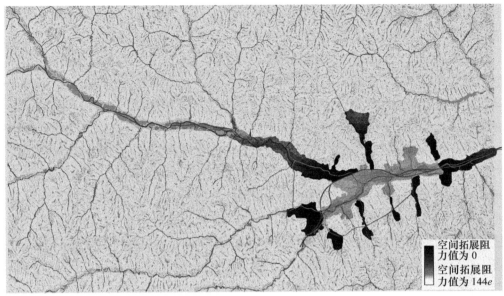

空间拓展阻力值为 0
空间拓展阻力值为 144e

图 5-22　子长城区空间形态扩展修正阻力模型图

图片来源：作者自绘

5.3.3　基于绩效提升的空间形态发展思考

城市空间绩效是指城市形态产生的经济以及福利空间的分配效应。良好的空间绩效往往在投入最小资源和能源的前提下，最大限度地创造财富和维持生态环境质量，表现为城市整体的高效、集约、协调与可持续发展。空间绩效水平高的城市，空间形态与城市自身的社会、经济发展程度的匹配度以及城市功能布局与日常运营的效率相应亦高；绩效水平低的城市，城市运营成本加大，或者表现为长时耗的交通出行，或者表现为中心城区与外围开发的极度不平衡、城市绿地与公益用地的非均衡布局、社区与邻里空间环境的破碎等[85]。子长城区作为黄土丘陵沟壑区城市，沿川道生长是空间扩展的主要形式，但是如果这种轴向生长不加以控制和引导，就会导致空间形态过于狭长、分散，增加用地拓展成本，降低城市运行效率，还可能导致生态环境问题。因此，必须研究城市空间形态，限定用地拓展边界并加以严格控制。

1. 跨越式发展模式

当城市规模较小时，城市形态往往呈现为紧凑的集聚团块状；当城市规模越来越大时，城市空间发展达到一定的门槛，传统的渐进扩张模式已经无法适应城市发展的需要。黄土丘陵沟壑区城市因高低起伏变化较大的地形地势条件，在空间上、视觉上、景观上形成了与平原城市截然不同的形态。子长城区的空间形态在演变过程中逐渐从"点聚集"转变为"带聚集"：早期城市规模较小，空间形态扩展受地理环境限制较少，因而从城市中心逐渐向外围扩散；随着城市规模的扩大与空间扩展速度的提升，空间形态扩展受地形影响突出，只能按照成本最小化原则沿河谷方向轴向发展，以至于在该方向上的扩展绩效逐渐降低。

根据前文分析，未来子长城区将呈持续稳定增长态势，城市规模不断扩大，空间形态若继续沿长轴方向连续延伸将导致经济成本大大增加、空间绩效不断下降。城区建设用地在垂直于长轴方向的支状沟谷方向上的扩展成本相对较低，发展优势明显。因此，城区空间形态应有目的、有侧重地选择合适的区位作为延伸或跳跃空间，即在留足规模扩张余地的前提下，将发展的方向和重心转移到支状沟壑区域内。在人为规划的指导下，这种城市用地与中心区跳跃扩展的模式使空间形态有计划地成组、成团向城区外围扩展，能够减轻中心区的压力以及建设用地不足的问题。不同类型及不同区域内空间的集聚、重组和运营，不仅实现了子长城区空间形态的跨越式发展，还缓解了城市内部压力，提升了空间形态对经济、社会与环境的价值影响，同时对于探寻具有地域特征的空间发展模式也具有重要意义。

2. 开放式空间格局

在城市建设的推进下，子长城区空间形态发展呈现出一种动态变化的特征。根据不同历史时期城区空间形态的发展方位变化，发现空间扩展的各向异性在三个时间阶段的差异性较小，在 NEE 方位上轴向发展表现十分突出。典型的狭长带状城市形态已经给子长城区的健康稳定发展带来了诸多问题，因而新的用地扩展以及城市空间重构迫在眉睫。结合城区空间形态历史演变的方位特征以及可建设用地的分布状况，未来空间形态的扩展方向存在多重可能性，如在 SW、NNW、N 这 3 个方向上具有很大的发展趋势。

未来城区空间拓展应突破单纯受限于地形条件而沿河谷连续发展的被动局面，向多个方位进行用地拓展，依托分散化的组团空间重新塑造新的空间体系。通过合理布置城市建设用地，调整与拉大城市框架，使空间形态趋圆发展，避免了东北方向上的单核心蔓延式路径，缓解了轴向发展对城市功能带来的压力。同时，充分考虑空间形态生长的衔接性与持续性，把握形态拓展的方向变化态势，做到先后衔接、逻辑清晰，杜绝忽东忽西、忽南忽北。空间布局上，对主要功能空间进行空间区位的配置优化，实现组团多核化、功能集中化与效益规模化，然后完善组团之间的连接网络，构建多核心、网络化、开放性的空间形态格局，确保城市空间人流、物流、信息流的稳定高效运转。

3. 紧凑化扩展路径

随着可持续发展的思想日益深入人心，人们开始从环境、自然与人类关系的角度，反思城市无序蔓延扩张带来的问题，并对自己习以为常的生活方式产生怀疑。于是，紧凑的城市被认为是更加可持续的发展模式[86]。子长城区空间形态拓展被压缩在相对平坦的带状河谷阶地中。早期城市空间扩展以侵占河谷阶地为主，受河流与过境交通的贯穿切割影响不明显，用地较为集中。随着城市规模的扩大，城区用地供给不足，河流与过境交通的贯穿切割影响逐渐显化。从形状率、圆形率和延伸率来看，城区空间形态为狭长形状，并且以单一方向带状延展式扩张为主。城区紧凑度数值总体上偏低，并且处于连续下降趋势。作为蔓延式、分散化扩张的结果，单一的带状形态已经使城区空间变得越来越松散，给城市建设与发展造成许多问题。

　　"紧凑"是指城市空间相对集中布局得一种高密度状态。受特殊自然环境以及特定城市发展阶段的影响，城区狭长的带状形态已经难以为继，因此未来空间形态并不存在沿河谷无限扩展的必要。为了保障空间形态的可持续发展以及绩效最大化，应当积极转变研究视角与方法，抑制空间形态的无序蔓延。在考虑城市规模、密度和交通体系以及它们之间相互关系的基础上，采用整体松散、组团紧凑高密度的空间形态，即适当集中成团块状发展，而非沿河谷线型延伸，继而通过形态的调整与优化来寻求城市空间与功能上的经济效益和社会效益，最终达成空间服务的高效率。这对于提高土地资源集约利用度、提升城市运行效率、降低基础设施建设投入等具有积极的意义。

5.4　本章小结

　　子长城区是典型的黄土丘陵沟壑川道型城市，在东面和南面的用地条件相对优越，是主要建成区所在。随着城市规模的不断扩大，城区用地继续沿川道向东蔓延，空间有限性的矛盾被逐渐激化。

　　本章借助于相关指标，对1950年、1990年、2003年、2013年4个时期的空间形态进行测度和计算。在不同历史阶段，强度指数基本维持在7%左右，说明城区空间形态一直处于平稳的外延扩张态势。从方位比重来看，1950~1990年城区各方向的数值差距较小，空间形态较为规整；1990~2003年NEE和SWW方位比重数值最大，空间骨架迅速拉大，基本确立形成了带状空间形态；2003年以后，城区空间发展越来越受到地形条件的制约，NWW、NEE和SW方位比重数值较高，说明城市形态在西南、东北方向继续轴向生长，同时在西北方向上扩展趋势愈加明显。延伸率数值不断上升，形状率、圆形率和紧凑度持续下降，说明城区空间距离不断拉大，形态越来越趋于狭长，紧凑程度处于较低水平，经济性与合理性难以为继。从空间绩效来说，通过量化分析城区空间形态在扩展过程中不同方位所受到的阻力情况，发现形态在短轴支沟方向上的扩展阻力明显小于长轴方向，因此未来空间形态应当减缓轴向蔓延态势，通过全新的视角调整与优化空间分布状态，以跨越式发展为前提，走紧凑化扩展路径，构建多核心、网络化、开放性的格局，实现城市空间绩效的全面提升。

第 6 章

子长城区空间形态的比选与优化途径

城市形态既有相对的稳定性，又有永恒的变化性。其形成演化是诸如社会、经济、文化等多种要素综合作用以及各类动力机制相互交织下的结果。在城市发展的过程中，城市形态可能通过一点一滴不易察觉的变化最终形成由量变到质变的转移。尤其是对于空间扩展受地形等自然条件限制的城市，规划要认识到这种变化的存在，化被动于主动，进而在布局中通过对形态的把握来体现出这种变化。子长市在未来有很大的发展前景。然而在有限的地域范围内，这意味着子长城区将承担更大的人口与用地规模压力，其空间拓展必将迎来更为严苛的考验。面对带状形态造成的资源消耗大，社会经济与环境效益低下等问题与日增加的形势，探索一种既能够发挥带状空间形态的特点和优点、又可以缓解或规避其弊端的城市空间形态是未来子长城区发展的关键所在。本章结合第 4 章内容中可建设用地的分布情况以及未来城市规模，对这些区域不同的组织方式进行了梳理，总结得到未来子长城区可能的空间形态模式；之后采用第 5 章的方法对这些形态模式进行测度，基于功能布局、交通影响、设施服务与景观环境角度最终选择一种最为生态、集约和紧凑的形态；在此基础上，提出城区空间形态的调整思路与优化方法。

6.1 城区空间形态的发展模式与特征分析

城市形态在不断发展和变化的过程中，往往与城市规模相适应。随着城市规模的扩大，城市形态和空间布局也随之做出相应调整，以适应规模增长的需求。城市在发展初期，往往受制于自然环境、经济与技术发展水平，而自组织地缓慢生长，规模往往较小，空间形态紧凑较为集中。随着现代城市化进程的不断加速，城市发展更多受到了人为因素影响，规模不断增加。而不同规模的城市、雷同的空间形态是导致城市空间绩效低下的主要原因，其实质是由城市规模与城市形态之间的不匹配所产生，由此带来了城市空间增长的负效应。子长市在未来将面临建设发展的新机遇，经济发展条件得到极大改善，预计城区人口将达到 16

万人，建设用地面积增长至 1500ha。然而，城区平地少，坡、沟地多，存在一定的地质安全隐患，可建设的用地十分有限。根据城区周边区域的用地条件评定结果，分析得到适建性斑块。结合远期可能达到的建设用地规模，以及斑块的空间分布状况、自身优势条件（表 6-1），选择与组织不同的斑块，提出几种与未来城区规模相协调的空间形态模式。归纳得到城区未来可能的空间形态模式。

建设用地优势比较一览表　　　　　　　　　　　　　　表 6-1

区域名称	占地规模大	与现状建成区空间距离短	形状规整性
A 唐家川片区	√		
B 安定镇片区	√		
C 栾家坪片区	√		√
D 郭家坪片区	√	√	√
E 瓷窑村片区	√	√	
F 芽坪南片区		√	√
G 陈家洼片区		√	
H 张家沟片区		√	
I 薛家沟片区		√	
J 赵家沟片区		√	√
K 火车站片区	√		√
L 寨子沟片区		√	√
M 阎家庄片区		√	
N 郭家崖窑片区	√	√	√

资料来源：作者自绘

6.1.1　带状延展式

带状延展式的城市形态是选取东西方向上可建设用地的结果，具体包括 A 唐家川片区、B 安定镇片区、C 栾家坪片区、D 郭家坪片区和部分 K 火车站片区（图 6-1）。城区依托已有建设资源，沿川道以及交通干线向东、向西无限地延伸出去。各个功能片区轴向连续布局、连成一体，可以实现有机、动态、环环相扣的空间生长。然而，尽管建设初期投资成本较低，但是始终无法克服其形态自身的局限性，长远问题突出。现状的南侧外围道路没有得到充分利用，东西向道路继续承担大部分的交通运输功能，加大了各功能区的交通组织难度。随着城市形态变得越来越狭长，基础设施建设的成本进一步增加，城市功能结构的合理性更难以得到保证。

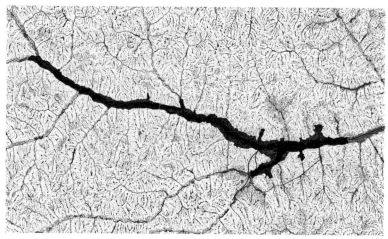

图 6-1　带状延展模式图

图片来源：作者自绘

6.1.2　带状组团式

带状组团式在优先选择东西方向可建设用地的基础上，选取南侧的部分用地，具体包括 A 唐家川片区、B 安定镇片区、D 郭家坪片区、M 阎家庄片区和 K 火车站片区（图 6-2）。建设用地轴向扩展的格局基本保持不变，城区向东、西、南三个方向发展。由于用地规模在东西方向上有所减少，将不会出现连续发展的态势，并且存在相对独立的组团。这种空间组织方式简洁而流畅，有利于近期建设。与带状延展式相比，它既能提高南侧外围道路的利用率，又在解决带形城市的问题上有所改进。但是，带状组团形态既会造成城市整体显得十分单调，也无法从根本上回避交通缺陷，导致城市发展后劲不足。

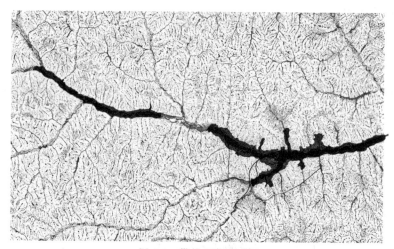

图 6-2　带状组团模式图

图片来源：作者自绘

6.1.3 指状组团式

　　为限制城市过度向单一方向扩张，建设用地在东、西、南、北四个方向上各自有所发展（图6-3）。虽然栾家坪片区的占地规模与用地规整度优势突出，但是安定镇片区能够凭借自身的历史人文资源发展特色旅游产业，从而推动子长市产业的转型与升级，因此考虑将安定镇片区吸纳进城区未来空间发展的一部分，形成指状组团形态。建设用地组成包括 B 安定镇片区、D 郭家坪片区、E 瓷窑村片区、F 芽坪南片区、G 陈家洼片区、H 张家沟片区、J 赵家沟片区、K 火车站片区、L 寨子沟片区、M 阎家庄片区和 N 郭家崖窑片区。城市中心沿对外交通干线与河流等多方位发展，向外呈放射形轴向式伸展，形成多条伸展长轴，并产生沿轴向自成一体的路网系统。该模式能够有效地控制当前单调粗放的空间扩张趋势，使城区不再连片发展，又具有一定的弹性，为将来的空间组织提供多种可能性。在近期建设时，由于无法利用现有资源，投资成本较大，需要新建道路等设施以保证新建区与建成区的连通。但从远期来看，指状组团形态作为面状的一种形式，能够加大与周围环境的接触面，使各个组团得以与周围山体产生联系。同时，这种形态最有可能切实利用道路资源，缓解和规避带形城市的不足之处。

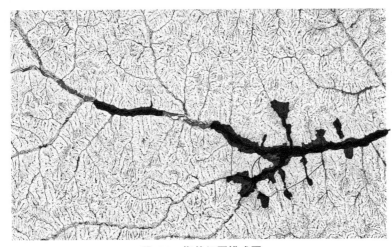

图 6-3　指状组团模式图
图片来源：作者自绘

6.2　城区空间形态发展模式的评价与选择

6.2.1　形态模式测度

　　城市空间形态是用以分析城市社会、经济等众多问题的基础之一，它的变化会对城市的交通、公共设施、产业、居民生活等许多方面产生影响[87]。通过度量子长城区三种空间形态模式的外部轮廓形状，从几何学意义上分析其空间的集中与分散程度。

从表 6-2 可以看出，带状延展式空间形态形状率、圆形率、紧凑度普遍数值较低，并且远远小于同等规模的圆形与方形城市。带状延展式空间形态的延伸率数值较高，超出 2013 年子长城区空间形态的 3 倍以上，形状变得更为狭长。带状组团式空间形态的形状率、圆形率、紧凑度普遍数值较低，并且远远小于同等规模的圆形与方形城市，以及 2013 年城区空间形态的数值。带状组团式的空间形态仍然较为狭长，延伸率数值仍然较高，超出 2013 年子长城区空间形态的 2 倍以上。这说明带状组团式的空间紧凑性较差，离散程度较高。尽管子长城区指状组团式空间形态的形状率、圆形率、紧凑度普遍数值仍然低于同等规模的圆形与方形城市，然而相较于 2013 年城区空间形态数值，都有所提高。形状率和圆形率都达到历史形态的 2 倍，紧凑度略有上升，说明指状组团式空间形态较为紧凑、集约。

不同形态模式的指标测度表   表 6-2

测度	形状率	圆形率	紧凑度	延伸率
带状延展式	0.09	0.02	0.04	14.63
带状组团式	0.1	0.04	0.07	11.38
指状组团式	0.13	0.1	0.23	6.14
2013 年城区空间形态	0.15	0.05	0.18	5.84
同等规模圆形城市	0.79	0.32	1	1
同等规模方形城市	0.5	0.25	0.64	1

资料来源：作者自绘

综上所述，带状延伸式与带状组团式空间形态的形状率、圆形率、紧凑度普遍较低，远小于指状组团式空间形态的数值，说明空间紧凑度低，城市效率不高（图 6-4）。同时延伸率普遍较高，空间轴向特征相较于指状组团式、历史空间形态越来越明显（图 6-5）。总体来说，指状组团式空间形态的经济性较好，形状率、圆形率高于带状延展式与带状组团式形态，紧凑度、延伸率比 2013 年城区空间形态数值有所提升，说明指状组团式空间形态的紧凑性较高，并且狭长形趋势并不突出。

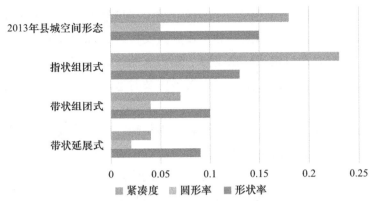

图 6-4　不同形态模式的形状率、圆形率、紧凑度指标对比图

图片来源：作者自绘

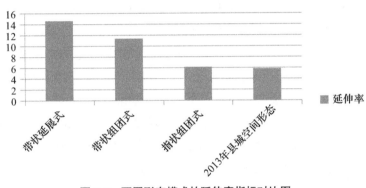

图 6-5　不同形态模式的延伸率指标对比图

图片来源：作者自绘

6.2.2　形态模式评价

城市形态反映了特定地域范围内实体环境与各类活动的集合，在地域环境影响以及城市经济、社会与生态结构对城市功能活动带来的空间变化影响下，向不同维度进行演变、扩张，形成了不同的形态模式。上文中对城市外部轮廓的度量并未全面、彻底地反映出城市形态发展的综合性与细部特征。因此，在此基础上应结合其他非量化的方法作为补充，对带状延展式、带状组团式、指状组团式这3类形态模式的内在发展秩序进行研究，综合比较其产生的空间效应，以增进探讨的全面性与深入性。

1. 功能布局评价

城市形态是城市功能组织方式的物质空间表现。城市的发展速度和建设项目与发展机遇有关，表现出强烈的不确定性，精确地对城市进行规划是较为困难的，应当承认未来的不可预测性很强，站在经验之上对未来的判断有很大的局限性，城市的发展仍存在着多种可能性，构建适应空间生长的城市形态在城市发展的任何阶段都极为重要。

未来子长城区将依托周边的工业园区，成为市域能源化工产业的生活生产服务基地，同时凭借完善的设施配套和丰富的人文资源，加强发展商贸服务业和文化旅游产业，为扩大人口集聚提供支撑。从传统的工矿城市到以旅游商贸和居住功能为主的宜居城市，城区的空间形态发展应及时适应城市功能的变化，并与其保持一致。

在用地组织方式上，带状延展式形态较为狭长，用地连成一片，形成集中发展。作为"城市发展轴"的主干道两侧往往附着于城市居住、生产、商贸等主要功能，其以外的平行地带则布置以次要功能与设施。在城市发展过程中，这种串珠分布模式使城市空间连续不断向四周扩展，不利于控制建设时序，容易引起功能布局混乱与空间无序蔓延。带状组团与指状组团式空间形态被分为若干相对独立的复合型组团，内部具有一定的独立性，能够实现就近生产生活。城市容量和用地开发具有一定的可变性，容易处理好近期与远期的关系，有利于保持城市各个发展阶段的完整性[87]。就空间组织来说，指状组团式相较于带状组团式更为灵活，具有分散化的特点，但是这也在一定程度上增加了土地资源的浪费和分开建设的成本，并且很难保证各组团统一配套建设基础设施。

此外，纵观子长城区历史空间形态的方向特征，主要发展方向为北偏东，即NEE方位；在北部方向上的各个方位都具有发展潜力；SW方位是不同历史阶段中共同的发展趋势。结合城区未来可建设用地的情况，带状延展式空间形态的主要发展方位为NWW；带状组团式的主要发展方位为NWW和NEE；指状组团式的主要发展方向较为多元，有N、NEE、SW和NWW方位，其中NEE和SW方位遵循了城区空间形态发展方向的基本趋势。可以发现，相对于带状延展式和带状组团式形态，指状组团式形态是在遵循城区发展方向的基础上适度延续，进而向多个方向展开布局，形成一种开放性的格局。

2. 交通影响评价

道路交通是城市社会与经济活动得以高效运转的命脉，城市的形成和发展、城市功能的疏解、城市效能的提升都与其息息相关。城市交通与城市形态是相辅相成的关系，选择不同模式的城市形态将对城市交通发展带来不同层面的效应，从而影响城市的功能布局和运行效率。

在带形城市中，由于横向宽度有限，不同组团间都需要依靠一条或者几条主干道来完成交通运载与空间联结，因而交通干线承担着大部分的交通运输功能。然而随着城市规模的不断扩大，带状延展式与带状组团式空间形态的轴向交通承载量逐渐增大，主干道交通压力持续增加。同时城市长轴两端的空间距离越来越大，导致相互联系所需要耗费的时间和交通成本不断上升。交通问题无法单纯依靠增加道路网密度、提高道路等级等措施来解决，已经成为制约带形城市进一步发展的瓶颈。指状组团式形态能够发挥组团优势，通过加强组团内部交通与城市主干路衔接的流畅性与多选择性，使道路交通流量承载较为均衡，保障城市主干道的通畅度，减少居民长距离出行，满足城市长远发展的基本要求。但是在发展初期，该模式的建设难度较大，各组团的交通联系不如带状结构模式便捷。各个组团间需采取统一的市政道路管网设施系统，这样无疑会在短期内致使交通设施建设量大大增加，引起市政公用投资与管理上的浪费[87]。

3. 设施服务评价

公共服务是满足公共需求、促进社会发展的载体，其服务能力是衡量一个社会的发展水平与和谐程度的重要标准之一。公共设施是促进城市节约资源、保障城市持续运转的重要支撑要素，其服务水平、质量和效率的发挥受到空间布局状况的影响。

就带状形态而言，如果城市发展突破了一定的规模与尺度，过长的轴向扩张将超过由基础设施服务支撑的"最佳经济规模"的承载能力，就将会面临效益递减的绩效门槛。空间轴线末端较难接受城市中心的全面辐射，用地条件相对较差，基础设施配套成本较高，居住、商贸、服务等功能相对短缺，城市氛围相对较弱[88]。尤其是带状延展式空间形态，城市边缘距离城市中心的距离较远，中心区聚集性较低，用地经济性的边际递减效应突出，公共设施难以完整覆盖建设区域，无法满足人们日常的生活需求，加剧了跨地域出行。而指状组团形态的中心部分接近于城市几何中心位置，公共设施布局较为均衡与协调，能够覆盖较大的范围，服务能力较强。

4. 景观环境评价

城市是一个十分复杂的人工系统，系统的生态性和城市发展紧密相关。要构建一个环境优美、生态健康、生活舒适的人居环境，必须根据生态学规律和城市发展需求来组织城市空间，建立人与生物互惠共生的关系[77]。俞孔坚认为，"城市之于区域自然山水格局，犹如果实之于生命之树"。在城市形态发展过程中，维护区域山水格局和大地机体的连续性和完整性是实现城市生态安全的关键。然而在高速增长时期，城市建设开发速度加快与范围扩张使城市生态日趋脆弱。采用紧凑与开敞相结合的空间组合形态，是维护区域生态环境的有效方法。子长城区的带状形态是地形地貌以及外部自然环境限定下的结果。然而生态条件并不一定只能是限制因素，它同样可以作为一种潜力因素被合理地挖掘与利用。

山体与河流是子长城区重要的景观生态资源。带状延展式、带状组团式的建设空间主要分布在山体之间的带状区域内，能够较好与地形相结合，对自然的感知和体验性高，生态优势较为明显。城市居民在充分享受主干路便利交通的同时，也能便捷地享受到干线以外的农田风光[87]。然而，带状结构使居民的活动在选择方向上受到制约，尤其是带状延展式形态，与山体接触的方向更为单一。从景观环境结合城区秀延河、南河的河流走向与分布情况来营造，城市空间线性感十分强烈，空间感受较为封闭、呆板。指状组团式空间形态按照用地条件因地制宜地灵活布局，建设用地沿着 4 条伸展轴展开，产生若干个相对独立的组团。该模式不会发展成为整体连绵的集中式形态，分散化的组团之间有大片楔形绿地和开敞空间，通透性较强，起到控制城市的蔓延扩张的作用。这一集中和分散的组合方式能够使城市各功能空间的布局关系井然有序、疏密有致，塑造生态和谐的整体环境风貌。

6.2.3 形态方案判定

城市空间形态的合理模式，对促进城市可持续发展、节约城市运营成本、规避和化解城市病、创造一个宜居、宜业的城市环境具有重要意义[88]。不同类型的城市空间形态没有绝对优势和劣势的区别，应该充分考虑城市实际的发展阶段和未来需要，根据自然地理条件，综合各方面的因素对空间形态发展进行客观评判和决策。

首先，根据 AHP 层次分析法，以从 3 个形态模式中确定最佳方案为目标层，以功能布局、交通影响、设施服务、景观环境为中间层要素，以带状延展式、带状组团式、指状组团式为方案层，构建层次结构模型（图 6-6）。整个 AHP 计算过程围绕层次结构模型展开，其最终目的是求出各个形态模式对总目标的相对重要性的评分，即综合权重，或是综合优越性。然后，采用 1～9 标度三角互反判断矩阵，建立因素判断矩阵以及方案判断矩阵，程度分别为绝对、十分、比较、稍微、同样有优势，如 a 比 b 稍微有优势则用 3 来表示，反之 b 比 a 的优势性就用 3 的倒数（1/3）。在本研究中，功能布局、交通影响、设施服务、景观环境作为确定最优方案的 4 个平行因素，权重是一样的（表 6-3），而就某单一因素而言，各个方案由于相对优越性不同需要两两进行比较（表 6-4～表 6-7）。最后，经过系统计算得到 3 个方案在功能布局、交通影响、设施服务、景观环境方面的综合权重。如图 6-7 所示，指状组团形态的分值最大，带状组团式其次，带状延展式最小，因此指状组团形态相较其他两种模式的优势较为明显，可以作为首选方案。

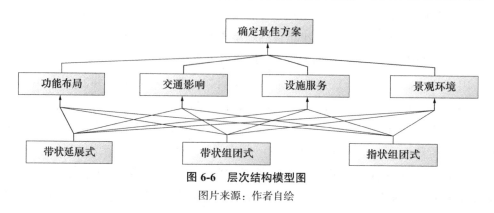

图 6-6　层次结构模型图

图片来源：作者自绘

中间要素层判断矩阵表　　　　　　　　　表6-3

	功能布局	交通影响	设施服务	景观环境
功能布局		1	1	1
交通影响			1	1
设施服务				1
景观环境				

资料来源：作者自绘

功能布局方面 3 个方案的判断矩阵表　　　　　　　表6-4

	带状延展式	带状组团式	指状组团式
带状延展式		1/3	1/9
带状组团式			1/5
指状组团式			

资料来源：作者自绘

交通影响方面 3 个方案的判断矩阵表　　　　　　　表6-5

	带状延展式	带状组团式	指状组团式
带状延展式		1/3	1/9
带状组团式			1/7
指状组团式			

资料来源：作者自绘

设施服务方面 3 个方案的判断矩阵表　　　　　　　表6-6

	带状延展式	带状组团式	指状组团式
带状延展式		1/5	1/7
带状组团式			1/3
指状组团式			

资料来源：作者自绘

景观环境方面 3 个方案的判断矩阵表　　　　　　　　　　　　表 6-7

	带状延展式	带状组团式	指状组团式
带状延展式		1/3	1/7
带状组团式			1/3
指状组团式			

资料来源：作者自绘

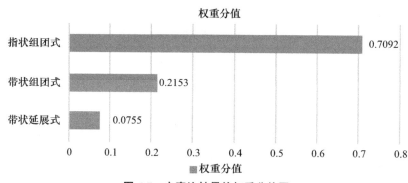

图 6-7　方案比较最终权重分值图

图片来源：作者自绘

　　从城市生长潜力以及与周围自然环境的空间关系来说，指状组团式形态无疑是对于解决当下子长城区空间问题的一种更为积极的应对。因为该形态模式的中心区较为紧凑集中，能够避免低密度蔓延导致的土地资源浪费和城市对周边山体、乡村景观的侵蚀；从中心区向周围，城市通过干路以指状延伸，在不影响城市功能的同时满足规模增长的要求。例如，丹麦首都哥本哈根就采用了放射状形态，为绿楔提供了延伸空间，增加了城市斑块与生态基质的接触界面长度，被认为是可持续发展的典范城市。结合子长城区的自然地理环境与建设用地分布状况，指状组团形态力图打破常规带型城市单一线性的空间扩展思路，更多关注"面"的发展，使城区空间实现多方向生长，形成多条带型向外放射的灵活态势。

　　此外，城区西南和东南侧外围已经有现状道路能够串联南部组团，考虑到组团之间联系的高效便捷性，在外围东北、西北方向新建城市道路以连通西部、北部和东部的各个组团，进而形成一种环状的路网形式和空间形态（图 6-8）。相较于原先东西长、南北短、边缘较为明确的带状形态，自由不规则的环状组团形态在原有带型基础上进行转折、变化，各个方向上都适度延伸，使死板的带状布局在内部功能、性质构成以及结构特点方面变得既生动有趣又井然有序。城区各组团按照功能需求布局，相互间以环状道路以及不少于两条的联系道路保持良好的连接。这种空间功能关系的重组，不仅能够有效疏解拥挤的城区中心，也使得城区整体相对紧凑而富有秩序。

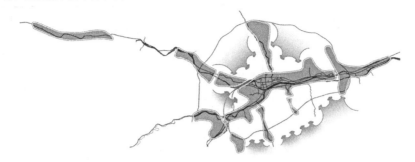

图 6-8　环状组团形态示意图

图片来源：作者自绘

6.3　城区空间形态优化的规划途径

城市空间形态是城市发展长期积累的结果，其优化应首先适应于当代城市社会经济生活以及发展诉求，并充分依据空间形态的演变特征与趋势分析。根据以上两节关于子长城区空间形态发展模式的归纳与总结、测度与选择，未来城区空间形态的优化应在环状组团形态方案的基础上予以深化与完善，具体包括以下重点：

6.3.1　协同整合，组织城市功能空间

城市功能是城市发展的根本动力，其空间布局决定了城市形态最终呈现的样式。目前子长城区的功能空间总体上呈现出小城镇用地的特点：城市结构不甚明晰，行政办公、居住、用地混杂分布，公共设施布置较为分散；居住用地比例过高，并且以三类和村民居住用地为主，居住环境品质不高，城中村现象较为突出。

前文中的环状组团式形态已涵盖了部分可用于建设片区，根据这些片区的现状建设条件与协同发展需要，分析它们与建成区在"距离—规模—性质"上存在的依赖关系，进一步明确合理的规模与功能定位（表6-8），进而对功能空间进行整合，优化城市形态。从各功能片区的分布方位来看，未来子长城区可以划分为7大功能单元，包括城市中心区，即建成区，承担商贸服务功能，以及北部居住区（M阎家庄片区、N郭家崖窑片区）、南部居住区（E瓷窑村片区、F芽坪南片区、G陈家洼片区、H张家沟片区、I薛家沟片区）、西部行政办公区（D郭家坪片区）、西部居住区（D郭家坪片区）、西部休闲旅游区（B安定镇片区）以及东部工业仓储区（J赵家沟片区、K火车站片区、L寨子沟片区）。

片区功能定位表 表 6-8

编号	名称	方位	功能
1	建成区	中部	商贸、文化、教育、休闲
2	B 安定镇片区	西部	休闲旅游
3	D 郭家坪片区	西部	行政办公、文教科研
			居住
4	E 瓷窑村片区	西南部	居住
5	F 芽坪南片区	西南部	居住
6	G 陈家洼片区	南部	居住
7	H 张家沟片区	东南部	居住
8	I 薛家沟片区	东南部	居住
9	J 赵家沟片区	东部	工业、仓储
10	K 火车站片区	东部	工业、仓储
11	L 寨子沟片区	东部	工业、仓储
12	M 阎家庄片区	北部	居住
13	N 郭家崖窑片区	北部	居住

资料来源：作者自绘

如图 6-9 所示，根据子长市未来"以旅游商贸和生态居住功能为主"的城市定位，首先，对现状建成区进行全面整合，利用现有完备的基础设施与公共服务配套进一步提升商贸服务功能。该区域目前人口较为密集，交通拥堵现象突出。现状行政办公所处的地段功能比较混杂，土地使用效率不高，并且和商业中心在空间上有所重叠，不能适应城市未来的发展需求[46]。因此考虑将中心区的行政职能搬迁至西部，用地置换为商业设施，增加地区土地价值。其次，在北部两山之间坡度较为平缓的地带拓展居住区，该区现状以农田与村庄为主，生态条件较好，未来应配套相应的公共服务与商业设施；南部现状基础设施建设良好，已有城市道路与其相连，与城市中心区联系密切，未来将形成独立的居住片区。再次，西部以建设子长市行政中心为契机，承接中心区行政职能转移的功能，同时配置图书馆、职业学院等文教科研设施；西部居住区围绕行政中心进行布局。然后，城区西部的安定镇凭借自身丰富的历史人文资源将大力发展文化旅游产业，从而成为子长市重要的休闲旅游服务片区，并与城区内瓦窑堡会议遗址、毛主席故居等红色旅游资源共同构成未来城区发展的主导产业。最后，考虑到 I 赵家沟片区已经成为子长能源化工区的组成部分，对东侧火车站附近的工业区进行整体规划与集中布局，突出体现交通门户优势与货物流通的便利条件，积极发挥规模效应，使其成为子长市重要的工业仓储片区。

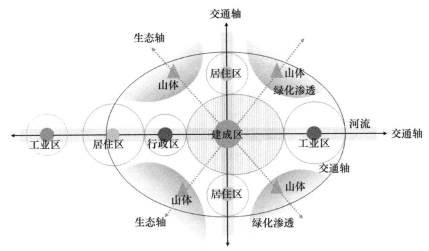

图 6-9 子长城区空间整合与拓展分析图

图片来源：作者自绘

　　未来的子长城区的空间形态将呈现"一体两翼、环状组团"模式（图 6-10）。城区保留和延续"T"字形空间发展格局，即沿中山街由南向北布置居住片区与城市核心服务区，作为纵向公共生活发展轴；沿安定路由西向东布置居住片区、行政办公片区与工业、仓储片区，形成横向公共生活发展轴。两条发展轴交汇处设置城市的一级公共中心，集中布置大型商贸服务设施。城区西部的行政中心西侧和东部居住区与工业区的结合部设置两个城市副中心，带动东西两翼地区的发展。同时，工业、仓储、居住等多个功能片区围绕环状道路集中布局，相互之间以绿色山体保持联络，沿河岸的水体景观轴交叉其中，体现出"山塬凸显、沟壑凹隐、河流穿越"的空间特色。

　　城区内部组团为高密度、紧凑发展的多功能混合组团，能够完成相当部分的工作与生活，并根据组团规模以及在城市整体中的作用与意义合理安排有居住、商业、休闲、娱乐、非污染工业、服务业等用地，采用无干扰即可混合使用的用地模式，同时在居住区内按国家规范标准配置相应的公共服务设施，包括社区管理中心、文化娱乐场所、派出所、街道办事处、菜场、卫生所（站）、青少年活动中心、公厕、垃圾站等，同时有集中绿地和儿童游乐场所，住宅建设适应经济适用型向小康型和地域生态型过渡的标准和要求。同时为集约用地，在组团中心安排高层建筑，适度提高密度和容积率，推进紧凑发展，每一个组团均形成一个多样化、富有吸引力、具有基本功能的复合型紧凑社区。

　　通过合适、有效的控制与引导，原本子长城区空间形态面临的问题能够得到极大的改善。集约化的空间组织方式使各个功能片区有机附着于环状道路骨架，在一定程度上有利于提升城市效率和建设水准，降低基础设施投入，并且使城市功能与结构趋于合理。

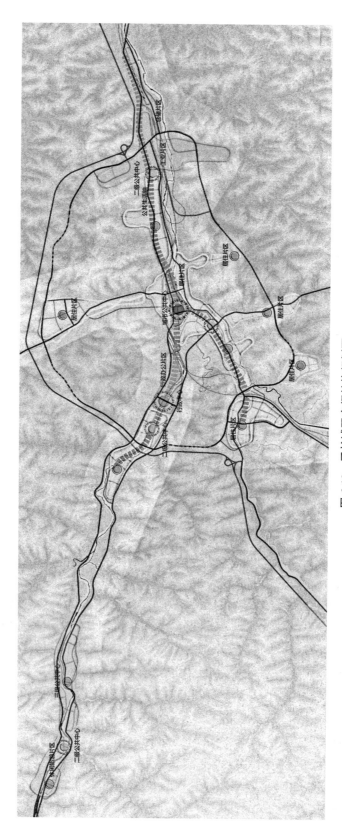

图 6-10 子长城区空间结构规划图
图片来源：作者自绘

6.3.2　优化道路，引导空间形态发展

一个城市的形成、发展与演变在很大程度上离不开道路交通网络的构建与完善，而交通网络又受到城市自然本底、物质空间和社会经济发展的影响。因此，城市空间形态的可持续发展必然建立在安全高效的交通网络之上，从而在多个层面满足城市功能空间的便捷联系。目前子长城区的道路骨架为单一线性模式，其承载能力已经无法满足现有的交通流量，导致城市交通拥堵问题，更难以支撑城市未来空间发展的需求。因此为搭建子长适宜性城市形态的骨架，城区道路系统规划应突出生态、文化的城市发展主题，视生态为自然风貌保护、城市系统功能整合、土地资源优化利用等可持续发展的物质内涵，协调自然山水与城市布局的关系，优化交通结构，发展公共交通，充分利用已有的基础设施、经济活力，构建与新区建设良性互动、相辅相成的关系。

综上所述，未来城区发展应注重多种交通网络的完善与协调。规划建设的新道路既要与城市过境路保持顺畅的连接，又要与现有道路体系产生较好的呼应，继而引导城市空间形态优化。首先，为了发挥道路交通对城市功能的提升的支撑作用，高标准地完善与建设"放射加环状"的主要干道骨架（图6-11），在空间形态上避免城市用地无限制地纵向带型蔓延、支持多方向上的城市空间布局。同时，环状道路加强城市中心与外围各个组团的有机联系，缓解各组团之间的长距离机动车交通问题，缩短组团之间的时间距离。其次，组团内部在沿承现状棋盘式道路系统的基础上，保持与周围自然地形、河流以及各类防护廊道的呼应，在满足合理路网密度的情况下，进一步完善次干道和支路建设，优化城市道路网络。通过对城市外围主要干道以及组团内部道路结构的优化与功能提升，自由式方格网加环路的道路系统使城市活动被有条不紊地安排在一定空间范围内，不仅可以提高交通效率，还能够均衡地发挥不同用地与设施的可达性，从而适应多样化的活动需求，引导城市空间形态扩展、功能空间演替重组以及群组空间融合。

如图6-12所示，由于环状道路在各个方向的组团上都有所连接，子长城区的全局整合度普遍有所提升。组团内部的道路连接性得到提高，能够接受城市中心的全面辐射。外部"放射加环状"加上内部棋盘式的道路网体系巧妙地结合了黄土丘陵沟壑区的地貌特征，规避了传统带形城市道路规划的诸多限制（如不应少有两条主干路，且道路红线的宽度有要求），提升了道路连接度和整合度，减少了各组团之间的交通通行时间，减小了沿长轴河谷方向上的交通压力，有效提升了城市效率。

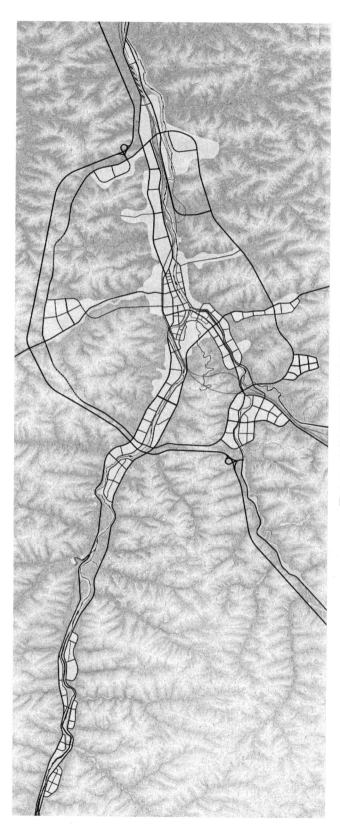

图 6-11   子长城区道路交通格局图

图片来源：作者自绘

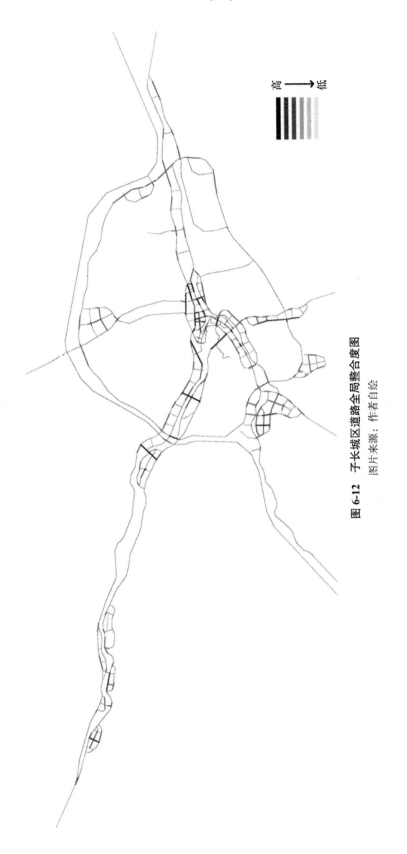

图 6-12　子长城区道路全局整合度图

图片来源：作者自绘

6.3.3 因地制宜，延续自然生态特色

从生态学的角度来看，城市是一个自然—人工复合的生态系统，城市的各类物质构成要素皆具有重要的生态功能。城市发展必须充分利用自然环境条件和各类物质要素，营造生态基质，架构生态廊道网络，开辟绿色斑块，形成开敞空间，完善高效的"斑块－廊道－基质"生态绿化网络系统，以利于城市内部与外部系统之间能量流、信息流与物质流循环的优化以及城市土地和各种能源的高效利用[89]。

子长市作为黄土丘陵沟壑城市，其空间形态发展在历史演进中始终面临着比平原城市更为严重和突出的门槛。这既是子长城区空间形态发展的不利因素，也是发挥自身特色的有利之处。城区处在独具特色的黄土丘陵沟壑地貌之中，规划应充分吸纳周边的自然山体作为公园绿化，并利用秀延河和南河完善城市生态系统，打造彰显地域地貌特色的绿色宜居城市。未来城市形态发展应突出生态主题，视生态为保护自然风貌、整合城市系统功能、优化土地资源利用等实现可持续发展的内涵要素，构筑自然山水与城市布局良性互动、相辅相成的关系。首先，从黄土丘陵沟壑地域范围内的生态基底入手，在地形地貌、山水格局、排洪冲沟、地质灾害、城市气候等方面挖掘和解析城市自然本原特征，充分发挥现状秀延河优越的自然景观优势。同时，合理协调不同功能片区间的组织关系，在延续发展生态特色的基础上加强片区之间自然山体景观的保护力度，实现对山体重要景观资源的保护与培育，保持子长城区的山水风貌特色。从空间环境、景观体系上来说，这一独特的自然空间形态格局自由多变，能够使周围山体、沟壑、河流等自然要素融入城市绿地系统中（图6-13）。城外四面山塬叠嶂，是独特的生态基质和涵养区，可以通过赋予其城市公园的功能来实现对外部自然环境的有效利用。高高低低的山体作为天然的立体绿化景观，使城内各个片区间隙布局，从而保证城市用地与山水之间持有一种相互协调的开合关系。秀延河与南河贯穿而过，和道路绿化、防护绿地等线性绿化一起交织成网络，提供畅通、多元化的生态通道。各个片区围绕公共中心布置点状绿化，形成星星点点的绿色斑块，得以为居民提供日常休闲的场所。这种张弛有度的开放空间格局能够使城市建设活动和居民日常行为与生态环境相互融合，体现"城在绿中，绿在城中"的自然生态景观格局。

图 6-13　子长城区绿化结构规划图

图片来源：作者自绘

6.4 本章小结

城市形态是一种复杂的人类社会经济活动在历史发展过程中的物化形式和状态。在黄土高原沟壑地区，受到特殊自然环境与特定城市发展阶段的影响，城市空间沿川道发展成狭长带形的拓展方式似乎已经成为一种必然。本章结合前文关于子长城区空间形态生态性的探讨以及绩效分析内容，提出了未来城区空间形态的 3 种模式——带状延展式、带状组团式与指状组团式。通过测度与比较，文章认为指状组团式形态顺应了历史空间的发展趋势，空间紧凑性高、经济性强，能够较好地与自然融为一体。基于以上判定，对指状组团模式予以深化，最终形成"一体两翼、环状组团"的形态方案。该空间形态以"T"字形河流为骨架，最大限度地扭转了特殊地貌对城市空间发展带来的限制。它的出现不仅能够在一定程度上缓解和规避带状形态引起的布局分散、功能结构不合理和景观呆板无序的局限性，还得以凭借张弛有度的多向延展性有效地融合于周边山体等自然要素，使城市与环境建立起一种共生的依存关系。这样的形态并不是一种简单的形式，而是对带型空间的优化与突破，对城市功能与结构更为合理的阐释。它的形成虽然具有一定的偶然性，但却是深入思考子长城区现实状况与未来发展机遇的结果，体现了充分尊重自然、尊重环境的认识观。

第 7 章

结语

城市的发展归根结底是一个"打破平衡、恢复平衡、再打破平衡"的动态生长过程。为了维持城市合理健康发展的状态，城市空间的人为规划应充分考虑未来城市发展的可能性，并针对可能性的研究进行空间形态的选择[77]。在生态条件脆弱的黄土丘陵沟壑地区，必须要从生态安全的角度约束城市空间的发展框架，在保障用地规模的基础上优先选择适合城市延伸和跳跃的空间。与此同时，还应当充分挖掘和尊重城市自身在空间生长中体现的规律特征，探究实现城市用地拓展绩效最大化的可能区域。

子长市是典型的黄土丘陵沟壑地区小城市，受自然环境与经济发展条件制约，其带状形态产生的问题更为突出。在国家新型城镇化规划、生态文明建设、中央城市规划工作会议等大方针政策的指引下，城市空间扩展与生态环境脆弱、建设用地紧张的矛盾越来越突出。同时国土空间规划背景下的生态文明建设、高质量发展等理念目标也对城市空间与生态环境的协调发展提出了更高的要求。本书旨在通过空间形态的调整与优化来缓解和规避当前单一带状形态造成的物质空间环境问题，从形态的生态性与生长性的角度分析子长城区空间形态的特征与规律，探讨既能够满足城市自身可持续生长、又能够与其所在的地域环境相适宜的空间形态。具体如下：

1. 子长城区空间形态的地理环境与生态本底分析

子长市境内沟壑纵横，河谷深切，城区位于秀延河以及南河交汇处所产生的带状沟壑区内。由于特殊的地形地貌与脆弱的生态环境，城区面临着土地资源可利用性低、水土流失严重、水资源短缺与污染并存、山体生态涵养能力弱、矿产资源开发引发生态破坏等环境问题。考虑到生态安全的需要，选取与子长城区自然环境相关的生态因子进行生态敏感性评价，在城区及周围区域范围内归纳得到适宜建设的斑块。在此基础上，认为未来城区发展需要体现尊重自然与利用自然的生态学理念，以生态格局来约束空间形态框架，在外部形态上通过绿楔增加与生态环境的接触面，在内部组织上采用分散化的组团模式实现紧凑集约发展。

2. 子长城区空间形态的测度与绩效分析

历史上的城区空间一致处于平缓的外延式增长状态，整体呈西南—东北向轴向带状发展态势。受到地形条件制约，狭长的空间形态拉大了城市空间距离，导致空间紧凑程度处于较低水平，城市效率低下。由于未来城区空间形态存在多方向扩展趋势，且在沿长轴河谷方向上的所受阻力远大于短轴支沟方向，因此城市发展方向和重心应转移到支状沟壑区内，在减缓带状轴向生长趋势的同时形成若干发展组团。通过城市空间的跨越式发展，以全新的视角调整与优化空间布局，构建多核心、网络化、开放性的紧凑形态格局，提升城市空间绩效，促进社会、经济、生态可持续发展。

3. 子长城区空间形态的比选与优化途径

结合城区及其周边区域适宜建设区域的分布情况与特征，选择部分区域作为未来城区的建设用地，形成带状延展式、带状组团式和指状组团式形态方案。对3种形态模式进行测度，比较它们的功能布局、交通影响、设施服务与景观环境，发现指状组团式是最为生态、集约和紧凑的形态，既与自然环境的融合度高，又符合城区空间形态的生态安全与生长绩效最大化要求。在此基础上对方案进行优化，最终形成"一体两翼、环状组团"的空间形态方案。该形态以适应黄土丘陵沟壑的特殊地貌与生态环境为前提，很好地契合了空间动态生长的延续性，符合城市可持续健康发展的需要。

综上所述，本书在理论和实践层面，从地理环境与生态基底、测度与绩效分析的角度对子长城区的空间形态展开研究，并以此提出未来城区的适宜性空间形态。对于黄土丘陵沟壑区的城市而言，要扭转目前带状空间形态带来城市发展问题的被动局面，就要争取最大的主动，即深刻认识城市所处的区域生态环境特征，绝不能把这些城市等同于一般地貌地区的带形城市来对待。在此基础上，切实考虑城市自身空间生长的特点与需求，从多个层面出发，探讨能够满足生态环境保护要求与提升城市空间生长绩效的适宜性空间形态，继而充分发挥这一形态在城市有机生长和动态生长方面的优势，力求规划和建设出具有黄土丘陵沟壑地区特色的、与自然环境和谐一体的城市空间环境。

附录

图录

图片来源：作者自绘

[31] 图5-7子长城区1990年建成区扇区划分图

图片来源：作者自绘

[32] 图5-8子长城区1990年各方位用地面积统计图

图片来源：作者自绘

[33] 图5-9子长城区2003年建成区范围图

图片来源：作者自绘

[34] 图5-10子长城区2003年建成区扇区划分图

图片来源：作者自绘

[35] 图5-11子长城区2003年各方位用地面积统计图

图片来源：作者自绘

[36] 图5-12子长城区2013年建成区范围图

图片来源：作者自绘

[37] 图5-13子长城区2013年建成区扇区划分图

图片来源：作者自绘

[38] 图5-14子长城区2013年各方位用地面积统计图

图片来源：作者自绘

[39] 图5-15子长城区空间发展示意图

图片来源：作者根据历版总体规划资料自绘

[40] 图5-16子长城区1950～2013年建成区扇区划分图

图片来源：作者自绘

[41] 图5-17子长城区空间形态方位比重变化图

图片来源：作者自绘

[42] 图5-18子长城区面积增长趋势图

图片来源：作者自绘

[43] 图5-19子长城区空间形态的形状率、圆形率、紧凑度数值变化图

图片来源：作者自绘

[44] 图5-20子长城区空间形态的延伸率数值变化图

图片来源：作者自绘

[45] 图5-21子长城区空间形态扩展基准阻力模型图

图片来源：作者自绘

[46] 图5-22子长城区空间形态扩展修正阻力模型图

图片来源：作者自绘

[47] 图6-1带状延展模式图

图片来源：作者自绘

表录

参考文献

［1］武进. 中国城市形态结构、特征及其演变［M］. 南京：江苏科学技术出版社，2004.

［2］郑莘，林琳. 1990年以来国内城市形态研究述评［J］. 城市规划，2002（07）：59-64.

［3］陶松林，张尚武. 现代城市功能与结构［M］. 北京：中国建筑工业出版社，2014.

［4］运迎霞，胡俊辉，任利剑. 可持续城市形态的哲学思辨［J］. 城市规划学刊，2020（03）：32-40.

［5］靳亦冰，李军环，王军. 资源承载限度下黄土高原沟壑地区村落发展的几点思考［C］//中国城市住宅研讨会. 2008.

［6］张沛，程芳欣，田涛. 黄土高原沟壑区小城镇空间增长分析［J］. 小城镇建设，2011（04）：52-56.

［7］中央城市工作会议在北京举行［N］. 人民日报，2015-12-23（001）.

［8］孙施文. 国土空间规划的知识基础及其结构［J］. 城市规划学刊，2020（06）：11-18.

［9］吴志强，刘朝晖. "和谐城市"规划理论模型［J］. 城市规划学刊，2014（03）：12-19.

［10］黄明华. 西北地区中小城市"生长型规划布局"方法研究［D］. 西安：西安建筑科技大学，2005.

［11］克里斯塔勒. 德国南部中心地原理［M］. 北京：商务印书馆，1998.

［12］王琛. 西北地区东部中小城市空间扩展的结构形态研究［D］. 西安：西安建筑科技大学，2006.

［13］Rapoport A. Human Aspects of Urban Form [M]. 1977.

［14］林奇. 城市形态［M］. 北京：华夏出版社，2001.

［15］杨辉. 主动与被动——西北地区东部带形城市发展的新探索［D］. 西安：西安建筑科技大学，2007.

［16］Frey H. Designing the City: Towards a More Sustainable Urban Form [J]. European Planning Studies, 1999, 8(05).

［17］迈克·詹克斯，伊丽莎白·伯顿，凯蒂·威廉姆斯. 紧缩城市：一种可持续发展的城市形态［M］. 北京：中国建筑工业出版社，2004.

［18］Friedmann J. Regional development policy: a case study of Venezuela/John Friedmann [J]. Urban Studies, 1966, 4(03): 309-311.

［19］王毅. 南京城市空间营造研究［D］. 武汉：武汉大学，2010.

［20］曼纽尔·卡斯特，夏铸九，王志弘. 信息时代三部曲：经济、社会与文化［M］. 北京：社会科学文献出版社，2001.

［21］刘志丹，张纯，宋彦. 促进城市的可持续发展：多维度、多尺度的城市形态研究——中美城市形态研究的综述及启示［J］. 国际城市规划，2012（02）：47-53.

［22］Getz M. Optimum City Size: Fact or Fancy? [J]. Law & Contemporary Problems, 1979, 43(02): 197-210.

［23］Newman P W G, Kenworthy J R. Sustainability and Cities: Overcoming Automobile Dependence [J]. Landscape & Urban Planning, 1998, 44(04): 219-226.

［24］Rosenthal S S, Strange W C. Geography, Industrial Organization, and Agglomeration [J]. Review of Economics & Statistics, 2003, 85(02): 377-393.

［25］魏立华，刘玉亭. 转型期中国城市"社会空间问题"的研究述评［J］. 国际城市规划，2010（06）：70-73.

［26］段进，邱国潮. 国外城市形态学研究的兴起与发展［J］. 城市规划学刊，2008（05）：34-42.

［27］李江. 基于GIS的城市空间形态定量研究及多尺度描述［D］. 武汉：武汉大学，2003.

［28］Quattrochi D A. and R E Pelletier. Remote sensing for analysis of landscapes. Quantitative methods in landscape ecology. M G Turner and RH Gardner. New York, NY, Springer, 1999: 51-76.

［29］Alberti M. Urban Patterns and Environmental Performance: What Do We Know? [J]. Journal of Planning Education and Research, 1999, 19(02): 151-163.

［30］Forman R T T, Godron M. Patches and Structural Components for a Landscape Ecology [J]. BioScience, 1981, 31(10): 733-740.

［31］克里斯托弗·亚历山大. 城市不是树［J］. 国外城市规划，2004（04）：80-81.

［32］韩莉莉. 基于分形理论的神木城区空间形态演变研究［D］. 西安：西安建筑科技大学，2014.

［33］王慧芳，周恺. 2003—2013年中国城市形态研究评述［J］. 地理科学进展，2014（05）：689-701.

［34］胡俊. 中国城市：模式与演进［M］. 北京：中国建筑工业出版社，1995.

［35］冯健，周一星. 中国城市内部空间结构研究进展与展望［J］. 地理科学进展，2003（03）：204-215.

［36］张京祥. 城镇群体空间组合研究［M］. 南京：东南大学出版社，2000.

［37］顾朝林. 城市空间结构新论［M］. 南京：东南大学出版社，2000.

［38］朱喜钢. 城市空间集中与分散论［M］北京：中国建筑工业出版社，2002.

［39］杨红军. 河谷型城市空间拓展探析［D］. 重庆：重庆大学，2006.

［40］张雪原，翟国方. 山地城市空间形态生长特征分析［J］. 现代城市研究，2013（02）：45-56.

［41］杨永春. 中国西部河谷型城市的发展和空间结构研究［D］. 南京：南京大学，2003.

［42］周庆华. 黄土高原·河谷中的聚落：陕北地区人居环境空间形态模式研究［M］. 北京：中国建筑工业出版社，2009.

［43］黄明华，王恬，朱亚男. 黄土高原沟壑区小城镇空间形态优化研究［J］. 规划师，2016，32（03）：114-119.

［44］张沛，程芳欣，田涛. 黄土高原沟壑区小城镇空间增长分析［J］. 小城镇建设，2011（04）：52-56.

［45］张雯. 基于分形地貌的陕北山地城市空间形态研究［D］. 西安：西安建筑科技大学，2015.

［46］刘康宁. 陕北黄土沟壑区县城空间形态研究［D］. 西安：西安建筑科技大学，2016.

［47］杨汝慧. 陕南汉江流域河谷型小城市空间形态特征研究［D］. 西安：长安大学，2016.

［48］王恬. 子长县城空间形态优化研究［D］. 西安建筑科技大学，2017.

［49］李建华. 生态导向的西北地区东部中小城市总体布局研究［D］. 西安：西安建筑科技大学，2003.

［50］黄明华，惠倩. 田园城市？花园城市？——对霍华德Garden City的再认识［J］. 城市规划，2018，42（10）：9-17.

［51］刘亦师. 楔形绿地规划思想及其全球传播与早期实践［J］. 城市规划学刊，2020（03）：109-118.

［52］刘亦师. 带形城市规划思想及其全球传播、实践与影响［J］. 城市规划学刊，2020（05）：109-118.

［53］单樑，周亚琦，荆万里，周正. 住有所居　居乐其境——新时期深圳宜居城市规划的探索与实践［J］. 城市规划，2020，44（07）：110-118.

［54］芦静. "公园城市"发展导向的西部山地小城市建设策略初探［J］. 城市建筑，2020，17（32）：27-29，46.

［55］方创琳，祁巍锋. 紧凑城市理念与测度研究进展及思考［J］. 城市规划学刊，2007（04）：65-73.

［56］王建国. 城市空间形态的分析方法［J］. 新建筑，1994（1）.

［57］林炳耀. 城市空间形态的计量方法及其评价［J］. 城市规划汇刊，1998（03）：42-45.

［58］田达睿，周庆华. 分形视角下黄土高原沟壑区城乡用地形态研究——以陕北米脂研究区为例［J］. 城市规划，2017，41（04）：33-40.

［59］刘志林，秦波. 城市形态与低碳城市：研究进展与规划策略［J］. 国际城市规划，2013（02）：4-11.

［60］王洁晶，汪芳，刘锐. 基于空间句法的城市形态对比研究［J］. 规划师，2012（06）：96-101.

［61］李克强：促进川陕革命老区振兴发展，推动老区加快致富全面奔小康［J］. 中国老区建设，2016（08）：4.

［62］杨瑞光.陕西子长跨越发展谱新篇［N］.西部时报，2013-05-03（014）.

［63］子长县：民族英雄谢子长的故乡［J］.中国地名，2011（01）：44-45.

［64］李艳龙.黄土高原沟壑区不同地类土壤质量特征及评价［D］.西安：陕西师范大学，2012.

［65］白金生.子长县志［M］.西安：陕西人民出版社，1993.

［66］王东.黄土地区滑坡地质灾害监测预警系统研究［D］.北京：北京交通大学，2009.

［67］李治武，惠泱河.黄土丘陵沟壑区生态环境治理与开发——以陕北子长县为例［J］.西北大学学报（自然科学版），1990（02）：101-113.

［68］南红梅.陕北黄土高原丘陵沟壑区植被恢复研究［D］.咸阳：西北农林科技大学，2004.

［69］贺正发.子长县水资源可持续利用存在的问题与对策［J］.陕西水利，2008（S2）：121-122.

［70］李治武，曹明明.陕北子长县自然条件与经济发展［J］.西北大学学报（自然科学版），1989（02）：81-88.

［71］杨永春，刘志国.中国西部河谷型城市环境问题及其成因研究［J］.干旱区资源与环境，2004（02）：80-85.

［72］苏泳娴，张虹鸥，陈修治，黄光庆，叶玉瑶，吴旗韬，黄宁生，匡耀求.佛山市高明区生态安全格局和建设用地扩展预案［J］.生态学报，2013（05）：1524-1534.

［73］李广娣，冯长春，曹敏政.基于土地生态敏感性评价的城市空间增长策略研究——以铜陵市为例［J］.城市发展研究，2013（11）：69-74.

［74］曹建军，刘永娟.GIS支持下上海城市生态敏感性分析［J］.应用生态学报，2010（07）：1805-1812.

［75］王莹.武汉市主城区经典景观评价体系研究［J］.中外建筑，2015（03）：116-120.

［76］冯东海，徐艺诵.西北河谷型城市UPA的确定方法——以甘肃省和政县为例［J］.规划师，2015（10）：94-100.

［77］熊国平.当代中国城市形态演变［M］.北京：中国建筑工业出版社，2006.

［78］周庆华，白钰，杨彦龙.新型城镇化背景下黄土高原城镇空间发展探索——以米脂卧虎湾新区为例［J］.城市规划，2014（11）：78-82.

［79］陈爽，王进，詹志勇.生态景观与城市形态整合研究［J］.地理科学进展，2004（05）：67-77.

［80］王亮.北京市城乡建设用地扩展与空间形态演变分析［J］.城市规划，2016（01）：50-59.

［81］蒋陈纯.基于遥感的重庆市主城区空间形态演替研究［D］.重庆：重庆交通大学，2011.

［82］尚正永，张小林，周晓钟.基于RS/GIS的城市空间扩展与外部形态演变研究——以江苏省淮安市为例［J］.经济地理，2012（08）：64-70.

［83］王伟，吴志强.城市空间形态图析及其在城市规划中的应用——以济南市为例［J］.同济大学学报（社会科学版），2007（04）：40-44.

［84］黄杏元，徐寿成.GIS动态缓冲带分析模型及其应用［J］.中国图象图形学报，1998（10）：71-73.

［85］付磊，贺旺，刘畅. 山地带形城市的空间结构与绩效［J］. 城市规划学刊，2012(S1)：18-22.

［86］王燕. 城市密集模式研究［D］. 长沙：湖南大学，2006.

［87］陈岚. 基于生态准则的成都城市形态可持续发展研究［D］. 天津：天津大学，2010.

［88］马菊. 陕西省中小城市空间绩效评价指标体系构建研究［D］. 西安：西安建筑科技大学，2014.

［89］熊宽. 基于GIS和历史地形图的青岛城市空间形态演变研究［D］. 青岛：青岛大学，2008.

后记

本书是国家自然科学基金课题"西北地区东部河谷型城市生长的适宜性形态研究"（51778518）的成果之一。书稿能够顺利出版，与诸多学者和朋友的支持与协助不无关系。

感谢黄明华教授的倾心帮助与真诚鼓励，本书的开启直至完成都是在先生的无私付出与悉心指导下进行的。从本书的选题、实地调研、内容框架到撰写，从书稿的修改、调整到最终定稿，无不凝聚着先生的心血和智慧。在此，谨向先生致以诚挚的谢意和崇高的敬意。

感谢西北大学城市与环境学院刘科伟教授，西安建筑科技大学吴左宾、邓向明、王侠3位老师在书稿写作、修改期间提出的宝贵意见。特别感谢郑晓伟教授的耐心帮助与指导，本书的诸多研究成果都涉及他所建议的技术方法。

感谢同门同学们在书稿撰写过程中给予的支持与帮助。

感谢为此书出版付出心血的中国建筑工业出版社的编辑们。